Die Villa Trapp in Salzburg-Aigen von 1923 bis 1953

Von Trapp über die SS zu den Sanguinisten

Freddy Litten

Die Villa Trapp in Salzburg-Aigen von 1923 bis 1953

Von Trapp über die SS zu den Sanguinisten

2025

Bibliografische Information der Deutschen Nationalbibliothek:
Die Deutsche Nationalbibliothek verzeichnet diese Publikation in
der Deutschen Nationalbibliografie; detaillierte bibliografische
Daten sind im Internet über https://dnb.dnb.de abrufbar.

Verlag: BoD · Books on Demand GmbH, Überseering 33,
22297 Hamburg, bod@bod.de
Druck: Libri Plureos GmbH, Friedensallee 273, 22763 Hamburg

ISBN: 978-3-7693-6778-2

Inhaltsverzeichnis

Für die Bereitstellung von Dokumenten und für Auskünfte danke ich: Anton Brandner, P. Willi Klein, Dr. Susanne Rolinek, Christian Strasser, Dr. Matthias Uhl, Dr. Franz Wasner, P. Ferdinand Zech.

Ebenso gilt mein Dank den Mitarbeiterinnen und Mitarbeitern folgender Institutionen: Salzburger Landesarchiv, Salzburg Museum, Stadtarchiv Salzburg, Wienbibliothek, Archiv Markt Berchtesgaden, Stadtarchiv Bad Reichenhall, Dokumentation Obersalzberg, Bundesarchiv Berlin.

Wie üblich wurde diese Veröffentlichung aus Eigenmitteln finanziert und entstand ohne Zuhilfenahme von „Künstlicher Intelligenz".

München, März 2025

Einführung

Die Besonderheit des Falles liegt darin, dass es sich um die "Villa Trapp" handelt, demnach nicht etwa um "irgendein" attraktives Gebäude in einem schönen Park, wobei die Geschichte dieser Familie bekanntlich weltweit vermarktet wurde und daher einen außergewöhnlichen Bekanntheitsgrad erlangt hat, weshalb die Einschätzung der belangten Behörde, die (wie sich aus den Akteninhalt ergibt, erstmals seit Jahrzehnten im Prinzip wieder einem allgemeinen Publikum zugängliche) Villa mit dem Park könnte sich zu einem "Tourismusmagneten" entwickeln (Möglichkeit), schlüssig ist.[R8]

Wie dieser Satz aus einem Erkenntnis des österreichischen Verwaltungsgerichtshofs von 2009 im Zusammenhang mit einer geplanten Nutzungsänderung der „Villa Trapp" als Hotelpension zeigt,[1] handelt es sich bei diesem Gebäude um ein Objekt, das global von Interesse ist, wenngleich es in der Hauptursache der internationalen Bekanntheit der Familie Trapp, dem Film „The Sound of Music",[V2] nicht zu sehen ist.[2]

---

[1] Die entsprechende Genehmigung erfolgte 2010.[Z8] 2022 endete der seit 2008 bestehende Mietvertrag und der Vermieter, die Kongregation der Missionare vom Kostbaren Blut (s.u.), nutzt die Villa seitdem wieder für eigene Zwecke unter dem Namen „Haus Magnificat".[Z19]

[2] Auch der „wohl [...] im Kino meistgesehene deutsche Film bis heute [2023]",[B53:99] „Die Trapp-Familie" von 1956,[V1] zeigt die Villa nicht, ebenso wenig die deutsch-österreichische Koproduktion „Die Trapp

Viel wurde bereits über diese Villa geschrieben und gesagt. Nichts davon ist fehlerfrei und, speziell für die späten 1930er und 1940er Jahre, verläßlich.[3] Leider gilt dieses negative Urteil auch für das entsprechende Kapitelchen in meinen „Notes on the Trapp Family in Austria",[B30:219-223] das, wie ich bei Überlegungen für eine deutsche Ausgabe feststellen musste, im Gegensatz zum Rest des Buches in Hinblick auf Recherche und Analyse als schlicht untauglich bezeichnet werden muss.[4]

Familie – Ein Leben für die Musik" von 2015.[V4] Dagegen erkennt man sie problemlos in der japanischen Animeserie „Die singende Familie Trapp",[V3] auch wenn in der dargestellten Zeit die Mauer um das Grundstück noch nicht existierte. In jüngerer Zeit wurde auch die Villa in Pula (Kroatien), in der die Trapps wenige Jahre bis in den Ersten Weltkrieg wohnten, etwas bekannter; für historische Fotos s. [B6], für neuere [W4].

[3] Ich werde in diesem eigentlich als Artikel geplanten Buch die umfassend zur Kenntnis genommene Literatur, Internetdarstellungen etc. nicht vollständig anführen. Das bisher einzige Buch, das den Begriff „Villa Trapp" im Titel führt, verfasst von den damaligen Betreibern des Hotels, Christopher Unterkofler und Marianne Dorfer,[B62] liefert zur Geschichte der Villa eher wenig Information.

[4] Die Arbeit an dieser Richtigstellung zog sich aus verschiedenen Gründen deutlich länger hin als geplant. Währenddessen zeigten sich ein unverändertes Desinteresse an der Wahrheit über die Trapps sowie die Absenz jeglicher Fehlerkultur in den Medien und Gedächtniseinrichtungen bis hin zur Wissenschaft; von den Trappschen Nachkommen und der Tourismusbranche ganz zu schweigen. Da alle schwerwiegenderen Fehler in meinem Trapp-Buch hier korrigiert werden – andere sind unter https://litten.de/abstrtoc/abstr9.htm dokumentiert –, wäre eine deutsche Ausgabe, auch wenn sie aus meiner Sicht interessante Ergänzungen enthielte, eine reine Zeit- und Energieverschwendung. Etwaige

Das Folgende ist das Ergebnis einer erneuten und gründlicheren Beschäftigung mit dem Thema und seinem Umfeld.

* * *

Zuerst zum Objekt: Das vor allem als Villa Trapp bekannte Gebäude auf dem als Baufläche ausgewiesenen Grundstück 73/1[5] in Aigen wurde 1863 vom Salzburger Baumeister Valentin Ceconi (1823–1888) als Landhaus erbaut. [6] Wohl bereits damals lautete die Anschrift (Konskriptionsnummer) „Abfalter Haus Nr. 34".[A26:185] Durch Kaufvertrag vom 15. Januar 1864[A26:187] erwarb Walburga Weinwurm (1840–fl. 1878), seit 1861 Ehefrau des Fabrikbesitzers und späteren Direktors der I. Österreichischen Sparkasse, Stanislaus Weinwurm (1830–1897),[M3; Z4] die Villa und das Grundstück, offenbar direkt von Ceconi.[B20:47] Ein zeitgenössischer Stich zeigt diese „Villa Walburga",[W20] die auch „Villa Weinwurm" genannt wurde.[Z23]

Fehler in diesem Buch werden auf https://litten.de/abstrtoc/abstr10.htm verzeichnet werden.

[5] Inzwischen wurde der Grund der Villa dem umgebenden Park mit der Grundstückszahl 692/3 zugeschlagen,[W13] weshalb auch die Denkmalliste für Salzburg für die Villa letztere Grundstückszahl angibt. [W3:52]

[6] So Helene Karrer unter Verweis auf das Grundbuch Aigen.[B20:47] Der mir vorliegende Grundbuchauszug, Einlagezahl (EZ) 148, beginnt erst 1864 und erwähnt dies nicht.[A26] Allerdings wird auf dem A-Blatt Bezug auf das Grundbuch Aigen, fol. 234, genommen, so dass dort wohl die entsprechende Information enthalten ist.[A26:185] In den frühen 1860er Jahren entstanden mehrere Landhäuser in dieser Gegend.[Z30]

Die architektonischen Veränderungen durch die nachfolgenden Eigentümer beschreibt Helene Karrer.[B20:47-50] Nach Angaben von 2008 wies die Villa Trapp eine (mutmaßlich Gesamtgeschoss-) Fläche von 878 qm auf,[Z53] die auch für die hier hauptsächlich behandelte Zeit Gültigkeit haben sollte. Laut einer detaillierten Beschreibung vom Februar 1943 befanden sich im Erdgeschoss: „1 Küche, 1 Kapelle mit Sacristei und 5 Zimmer, sowie Closett und Waschraum. Im I. Stock: 6 Zimmer, 1 Closett, 1 Badezimmer. Im ausgebauten Dachgeschoß: 8 Zimmer, 1 Closett und Badezimmer."[A16:29a] 1945, also nach dem Umbau durch die SS (s.u.), hatte die Villa angeblich 32 Zimmer. [A55k][7]

Adressangaben der Villa Trapp durch Verbindung von „Abfalter" bzw. „Aigen-Abfalter" und der Hausnummer 34 findet man z.B. noch im Salzburger Adressbuch von 1938, [B51:261] obwohl die entsprechende Straße bereits 1912 den Namen „Baronin v. Gyllenstormstraße" erhalten hatte. [Z25] Laut Grundbuch lautete die korrekte Adresse dann „Gyllenstormstraße 8",[A26:185] doch findet sich auch „Gyllenstormstraße 34".[M2] Nach dem Anschluss scheint sich die Adresse „Gyllenstormstraße 8" schließlich durchgesetzt zu haben.[B2:300][8] 1952 erfolgte die offizielle Um-

---

[7] Eine detaillierte Beschreibung findet sich im Inventar der von der SS in der Villa zurückgelassenen Gegenstände vom 5. Juli 1945. Demnach kommt man auf 35 Räume, inkl. Vorräumen, Anrichte, Vorratskammer und Pförtnerraum.[A55f]

[8] Hier mag weniger die politische Veränderung eine Rolle gespielt haben, als vielmehr die endgültige Aufteilung der Gemeinde Aigen zum 1. Januar 1939 zwischen Salzburg und Elsbethen,[Z35] nachdem bereits zum 1.

nummerierung von „Gyllenstormstraße 8" zu „Traunstraße 34".[A28:314][9]

Durch Kaufvertrag vom 24. September 1882 und Nachtrag vom 9. Januar 1883 erwarb die später als Schriftstellerin bekannte Bert(h)a Gräfin Lamberg, geb. Gräfin zu Stolberg-Stolberg (1845–1924),[B28:1832] die Villa.[A26:187] [10] Erneut war es Valentin Ceconi, der mit dem Ausbau der Villa beauftragt wurde.[B20:47] Weitere Grundstücke – der Grund für das kleine Hausmeisterhaus/Zuhaus Abfalter Nr. 35/Gyllenstormstraße O.Nr. zu 8,[A28:313][11] Garten/Park, Wiesen, Acker und Wald – kamen hinzu,[A26:185] so dass

---

Juli 1935 das zu Aigen gehörige „Herrschaftsviertel von Parsch" „Groß-Salzburg" zugeschlagen worden war.[Z54]

[9] „Gyllenstormstraße 8" wurde dann die Anschrift des neuen Kollegs St. Joseph der Kongregation der Missionare vom Kostbaren Blut, das zwischen 1961 und 1964 im Park der Villa Trapp erbaut wurde (s. Abb. 6) und von Friedrich Achleitner 1980 folgendermaßen gewürdigt wurde: „Wenn Architektur ein Wert ist, der von der Komplexität kultureller Bezüge abhängig ist, so gehört dieses Kolleg zu den wichtigsten Bauten der österreichischen Architektur seit 1945."[B1:274] Die Villa Trapp hingegen kann keinen besonderen architektonischen Wert beanspruchen.

[10] Eine Auktion des Mobiliars und weiterer Gegenstände am 11. und 12. Oktober 1882 könnte darauf hindeuten, dass die Vorbesitzerin verstorben war.[Z23]

[11] Grundstücksnr. 194,[A26:186] inzwischen ebenfalls Teil des Grundstücks 692/3.[W13] Laut Salzburger Adressbuch von 1942 wohnte ein Hausmeister Georg Patsch in der Gyllenstormstraße 10,[B2:211] womit dieses Hausmeisterhaus gemeint gewesen sein dürfte. Ein Stellenangebot für einen mit Zentralheizung vertrauten Hausmeister, dem eine „kl. Wohnung geboten wird", findet man im „Salzburger Volksblatt" vom 13. Oktober 1942.[Z44]

schließlich zwischen 1936 und 1945 die Gesamtfläche knapp 5,8 Hektar betrug.[A16:22; A55j:1]

Der Name „Villa Lamberg" für das Haus Abfalter Nr. 34 bestand zum Zeitpunkt des Todes von Bertas Ehemann, des Salzburger Landeshauptmanns Hugo Graf Lamberg (1833–1884),[Z24] und ist noch 1918 nachweisbar.[Z26] Berta heiratete 1888 den Salzburger Landesgerichtspräsidenten Walt(h)er (Graf) K(h)uenburg (geb. 1850), der am 10. Oktober 1923 im Haus Abfalter Nr. 34 starb.[M1]

Dezember 1923 – Juli 1937

Bereits am 20. Dezember 1923 erwarb der ehemalige Korvettenkapitän Georg (Ritter von) Trapp (1880–1947) Haus und Grundstücke in Aigen.[A26:187][12] Georg wohnte seit Dezember 1920/Januar 1921 mit seinen zuletzt sieben Kindern im „Martinschlössel" in der Martinstraße 34 in Klosterneuburg/NÖ,[B19:73] einem Besitz seines Schwagers Robert „Bobby" Whitehead (1893–1961).[W12] Dort war auch am 3. September 1922 Georgs Frau Agathe, geb. Whitehead (geb. 1891), gestorben.[B30:125] Ob Georg nun deswegen, wegen eines möglichen Zerwürfnisses mit seinem Schwager,[W12] oder um im eigenen Besitz zu leben aus dem Martinschlössel ausziehen wollte, bleibt ungewiss.

Seine älteste Tochter Agathe (1913–2010) erwähnt in ihren im hohen Alter geschriebenen und nicht sonderlich zuverlässigen Memoiren,[13] dass Georg, nachdem sich die beiden ältesten Kinder Rupert (1911–1992) und sie gegen seinen Plan einer Südseereise ausgesprochen hatten, vorschlug nach Salzburg zu ziehen, da dort zwei seiner Kameraden aus der k.u.k. Marine lebten.[B57:74] Dieser Idee stimmten

---

[12] Neben den Grundstücken der EZ 148 kaufte Georg auch die Grundstücke der EZ 115 und 176 von Berta Kuenburg, die dann, abgesehen von 1924 und 1936 verkauften Teilen, 1936 der EZ 148 zugeschrieben wurden.[A25; A27]

[13] Am Rande sei angemerkt, dass der bereits erwähnte Film „Die Trapp-Familie – Ein Leben für die Musik"[V4] zwar angeblich auf diesen Memoiren basiert, jedoch so gut wie keinen Bezug dazu, geschweige denn zur Realität aufweist.

die Kinder „enthusiastisch" zu,[B57:74] waren sie doch bereits mit ihrer Mutter zu Besuch in Salzburg und von der Stadt begeistert gewesen.[B57:74; B62:12-14] Allerdings mussten sie angeblich einige Zeit warten, bis ein entsprechendes Haus und das nötige Geld dafür gefunden waren. Laut Agathe kaufte „Tante Nesti" (Ernestine [...] Gräfin von Coudenhove, geb. Breunner-Enkevoirth, 1861–1945) Grundbesitz ihrer Nichte, Georgs verstorbener Frau Agathe, in Fiume, damit Georg sich das Haus in Aigen, damals noch nicht Teil von Salzburg, leisten konnte.[B57:74] Möglicherweise war Georg gerade nicht flüssig, als sich die Villa Lamberg anbot, hatte er doch etwa um die gleiche Zeit Grund in Pullach bei München erworben.[A55j:1]

Zur Frage, wie Georg auf die Villa Lamberg aufmerksam wurde, kann Agathe keine Auskunft geben;[B57:74] auch sonst ist dazu in den Quellen kein Hinweis zu finden. Die falsche Behauptung, Georg sei ein Enkel Graf Lambergs gewesen (z.B. [B20:47]), geht möglicherweise auf eine Verwechslung zurück: Hugo Graf Lamberg hatte einen Enkel namens Hans Georg Jakob Trapp (1897–1983), der jedoch als Graf von Matsch zum Tiroler Adelsgeschlecht Trapp gehörte,[W8] das wiederum mit den hier behandelten Trapps nicht verwandt war.[B30:119]

Bereits am 25. Januar 1924 erschien im „Salzburger Volksblatt" eine Anzeige, in der „Villa Trapp" in Aigen ständen drei trächtige Milchziegen zum Verkauf.[Z27] Dagegen war in einer Anzeige am 9. April 1924 davon die Rede, dass Arbeiter für den Umbau des „Landhauses Graf Kuenburg" gesucht wurden.[Z28] Denn Georg ließ das Haus erneut umbauen; vor allem durch den „Aufbau eines hohen Mansarddaches mit ausgebautem 3. Geschoß".[B20:48]

Laut Meldezettel in Klosterneuburg meldete sich Georg am 7. April 1925 nach Aigen ab.[B19:73] Wären die Kinder mit Georg Anfang April umgezogen[B30:125] – und damit vorzeitig aus der Schule genommen worden –, würde dies die Charakterisierung „[e]her überstürzt"[B19:68] rechtfertigen. Den Erinnerungen von Georgs Tochter Maria (1914–2014) zufolge erfolgte der Umzug aber erst nach den Schulferien; [B62:16] Agathe erwähnt nicht nur nicht, dass sie und ihre schulpflichtigen Geschwister das Schuljahr vorzeitig beendet hätten, sondern datiert den Umzug auf den Sommer.[B57:75][14] (Und sie erwähnt, dass Georg sie im Herbst in Salzburger Schulen unterbrachte.[B57:76])

Vermutlich erklärt sich die Diskrepanz daraus, dass Georg die Villa neu einrichtete, während die Kinder das Schuljahr in Klosterneuburg abschlossen, anschließend bei Verwandten untergebracht waren und dann in das „komplett möblierte schöne Heim, das dieses Mal uns gehörte", einzogen.[B57:75] (S. Abb. 1) Dazu gehörten auch ein großer Park mit altem Baumbestand, Wiesen, eine Tierhaltung, [B57:75-79] und ein Waldstück etwa eine halbe Stunde entfernt am Fuß des Gaisbergs[A16:36].

Die einzigen größeren Veränderungen in den folgenden Jahren waren 1927 die Eheschließung Georgs mit Maria Au-

---

[14] In der älteren Trapp-Familienbiographie von William Anderson wird der Herbst 1925 als Einzugsdatum in der Villa genannt,[B3:22] in der neueren Version lediglich 1925.[B4:21]

guste Kutschera (1905–1987) sowie weiterer Nachwuchs in der Gestalt zweier Töchter 1929 und 1931.[B30:126f.]

Einen Einschnitt stellte der bereits längere Zeit sich abzeichnende Bankrott der privaten Lammer-Bank 1935 dar, in die Georg aufgrund von Zinsversprechen einen erheblichen Teil des Familienvermögens investiert hatte.[B30:140-142] Personal wurde daraufhin reduziert und Zimmer in der Villa vermietet, während sich die Familie in die oberen Geschosse zurückzog. Steuerschulden und ein Kredit wurden als Hypotheken ins Grundbuch eingetragen,[A26:189] änderten indes nichts an den Besitzverhältnissen.[15]

---

[15] Die Löschung des Pfandrechts erfolgte am 4. September 1943 im Zusammenhang mit der endgültigen Abwicklung des Konkurses der Lammer-Bank und der Klärung und Zahlung der tatsächlichen Steuerschuld. [A26:189; A16:143] Der Kredit wurde zurückgezahlt, blieb aber bis zum Verkauf der Villa im Grundbuch für den Fall, dass Georg erneut einen Kredit benötigt hätte.[A55o:5]

August 1937 – Juli 1940

Am 15. August 1937 starb Georgs Pächter und Hausmeister Franz Stiegler (geb. 1877), der knapp ein Vierteljahrhundert bei der Familie gewesen war.[Z11] Im gleichen Monat zeichnete sich der internationale Durchbruch des 1934 gegründeten und inzwischen unter dem Namen „Salzburger Kammerchor Trapp" firmierenden Familienchors ab: Konzerte in mehreren westeuropäischen Hauptstädten wurden vereinbart, Georg bemühte sich um eine Tournee im Deutschen Reich – vor allem aber wurde eine mehrmonatige Amerika-Tournee ab Herbst 1938 vereinbart.[B30:152f., 212f.]

Daraus erklärt sich, warum Georg in einem Schreiben an Matthias Wasner (1909–1995), den Bruder des Chorleiters Dr. Franz Wasner (1905–1992), am 11. September 1937 nicht nur erwähnte, dass er die „Landwirtschaft" (Grund und vier Kühe) verpachten wolle, da er bezweifele, dass Frau Stiegler allein damit zurecht käme, sondern auch, dass die Familie mit der „neuen Laufbahn doch immer unterwegs sein" werde.[A39]

Diese angedeutete Loslösung von der Villa – von Verkauf war allerdings keine Rede – hatte wohl noch einen weiteren Grund: Georg war in Aigen nicht heimisch geworden,[16] Salzburg mied er nach Möglichkeit.[B30:161f.] Auch die beiden ältesten Kinder scheinen nicht mehr sonderlich am Ver-

---

[16] Nach dem Verlust seines Reichtums war Aigen offensichtlich auch nicht mehr sonderlich an Georg interessiert, wie der (für ihn zu) hohe Preis zeigt, den die Gemeinde für das Heimatrecht seines zweiten Sohns Werner (1915–2007) forderte.[B30:134f.]

bleib in der Villa interessiert gewesen zu sein. Als Rupert nach der Promotion in Medizin in Innsbruck im April 1938 nach Aigen zurückkehrte, vermerkte der Meldezettel ausdrücklich „vorübergehend".[A36][17] Und Agathe erwähnt in ihren Memoiren, dass sie, ohne einen Grund benennen zu können, bereits vor dem Anschluss gehofft habe, die Familie würde die Villa verlassen.[B57:133]

Vorerst kam es jedoch zu keiner Verpachtung. Und die Karriere stockte nach der Italien-Tournee im Januar und Anfang Februar 1938, da sich der deutsche Markt den Trapps nicht öffnete und ungeachtet guter Kritiken offensichtlich keine weiteren Konzerte vereinbart werden konnten.[B30:3.3.5] Bis zum üblichen Sommerurlaub und der sich anschließenden Abreise in die USA blieb die Familie also in der Villa. [B30:3.3.6]

In der Zwischenzeit war das fürsterzbischöfliche Gymnasium „Borromäum" in Salzburg mit den neuen Machthabern in ernste Schwierigkeiten geraten.[18] Gauleiter Friedrich Rainer (1903–1947) benötigte Räumlichkeiten für den „Reichsnährstand" und versteifte sich auf eine Übernahme des gesamten Gebäudes. Fürsterzbischof Dr. Sigismund Waitz (1864–1941) war am 23./24. Juni 1938 bereit, 80 Räume zur Verfügung zu stellen, da eine Anmietung der Villa Trapp (mit 24 Räumen) es erlauben würde, die Professoren des Borromäums dort unterzubringen.[B48:373] (Die Schüler waren am 22. Juni regulär in die Ferien verabschie-

---

[17] Rupert könnte zu dieser Zeit als einziges Familienmitglied bereits die Auswanderung in die USA ins Auge gefasst haben.[B30:227]

[18] Detailliertere Darstellungen finden sich in [B48; W21].

det worden.[W21]) Zu diesem Zeitpunkt waren bereits 40 Räume „beschlagnahmt", weitere folgten ungeachtet der Eingaben von Waitz.[B48:373]

Offensichtlich war der Wunsch der Trapps, ihre Villa für die Dauer der Amerika-Tournee zu vermieten, bereits bis zum Borromäum vorgedrungen. Ob Georg dafür, wie Agathe behauptet, eine symbolische Miete von einem Schilling forderte,[B57:134] muss offen bleiben. Dagegen spricht, dass Grundsteuern, Versicherungs- und Reparaturkosten weiterhin anfielen und die Trapps es sich eigentlich nicht leisten konnten; dafür spricht, dass es sich um eine katholische Einrichtung als Mieter handelte, der nicht nur die ultrakatholische Maria, sondern auch der ehemalige Absolvent Franz Wasner nahestanden.[19]

Am 17. August 1938 erteilte Georg seinem Salzburger Anwalt Dr. Alfred Wolff (1887–1971) Vollmacht für seine rechtlichen und finanziellen Angelegenheiten,[A16:6] am 20. August verließen die Trapps mit dem Zug Aigen Richtung Südtirol,[20] nachdem man die Übergabe an die Professoren des Borromäums hatte verschieben müssen, wie Martina Trapp (1921–1951) am 23. August 1938 ihrer Freundin Erika Klambauer (1922–2018), der späteren Frau ihres Bruders Werner, schrieb. Georg hatte kurz vor der geplanten Abreise erheb-

---

[19] Nach dem Zweiten Weltkrieg musste das Rote Kreuz für die Nutzung des Grundes außerhalb der Mauern tatsächlich lediglich einen Schilling pro Jahr zahlen (s.u.).[A550:4] Möglicherweise verwechselte Agathe dies.

[20] Während ich in den „Notes on the Trapp Family in Austria" noch die Möglichkeit einer Abreise bereits am 13. August in Erwägung gezogen hatte,[B30:216] zeigt das Datum der Vollmacht für Wolff, dass nur der 20. August in Frage kommt.

liche Probleme mit der Bandscheibe und Eleonore (1931–
2021), der jüngsten Tochter, war vorher noch der Appendix
entfernt worden. Am 19. hatte man die Villa offiziell übergeben; Mobiliar und persönliche Gegenstände wurden auf
dem Dachboden bzw. in den bis vor kurzem von den Stieg-
lers[21] bewohnten Räumen aufbewahrt. [B57:135]

Soweit anhand der Meldezettel nachvollziehbar,[22] zog als
erster der schwerkranke Gymnasialprofessor Dr. Matthias
Gautsch (geb. 1874) am 25. August mit seiner Pflegerin in
die Villa Trapp ein;[A33] er starb dort am 2. September.[M2]
Am 26. August zogen zwei weitere Gymnasialprofessoren,
darunter Dr. Johann Gappmayr (1907–1995),[A32] und zwei
Bedienstete ein. Weitere folgten ab 9. September, als auch
der Umzug nach St. Rupert (s.u.) begann,[W21] wobei sich
gerade unter den Bediensteten einige bis zum 3. Oktober
wieder abmeldeten.[23]

Mittlerweile war deutlich geworden, dass das Gymnasium
Borromäum in Salzburg nicht mehr weiterbestehen konnte,
auch weil Privatschulen das Öffentlichkeitsrecht aberkannt
worden war.[B48:374] Zudem war das Gebäude am 5. September 1938 zwangsgeräumt worden. Doch wurde eine

---

[21] Marie Stiegler (geb. 1884) und ihre 1914 geborene Tochter Johanna
Stiegler (mit Kind) hatten sich am 2. August 1938 offiziell abgemel-
det.[A34; A35] Laut Agathe wären sie es gewesen, die zwei „miniature
Nazi flags" aus ihren Fenstern im obersten Stock hängten, während
Georg sich (angeblich) weigerte.[B57:130]

[22] Die Meldevorschriften besagten, dass man sich innerhalb von 24 Stun-
den an- bzw. abmelden musste.[A34]

[23] Wer an weiteren Details interessiert sein sollte, möge mich kontaktie-
ren.

Fortführung in Aussicht gestellt, wenn man Schule und Seminar nach St. Rupert bei Bischofshofen verlegen würde. [B48:374f.] Aktive Lehrer wechselten daher dorthin, während die Ruheständler in der Villa Trapp Zuflucht fanden. [W21] Die Redaktion des Salzburger Volksblatts nannte die Villa ein „sehr schönes Buen Retiro".[Z33]

Da die Schüler der achten Klasse, also der Abschlussklasse, am Staatsgymnasium in Salzburg ihren Abschluss machen sollten, wurden sie Anfang Oktober kurzerhand ebenfalls in der Villa Trapp einquartiert, mussten jedoch Ende Oktober wieder weichen (z.B. [A29]), nachdem am 28. Oktober die endgültige Auflösung des Borromäums inkl. des Schülerheims in der Villa verkündet worden war.[B48:378-380] Zur gleichen Zeit wurde auch die Schule in St. Rupert bei Bischofshofen verstaatlicht, eine Woche später die geistlichen Lehrer dort beurlaubt,[W21] woraufhin wieder einige im November in die Villa Trapp zogen (z.B. Dr. Franz Christanell (1880–1961)[A30]), andere, wie Gappmayer am 13. Dezember,[A32] sie wieder verließen.

Am 12. Februar 1939 feierten die verbliebenen Professoren in der Villa Trapp ihren Abschied aus Aigen;[B10:247] die letzten, nun ehemaligen, Lehrer und Bediensteten, bei denen es bekannt ist, meldeten sich am 15. Februar offiziell aus der Gyllenstormstraße ab (z.B. Christanell[A30]).

Das „Salzburger Volksblatt" berichtete am gleichen Tag, dass das Reichspropagandaministerium das seit 1934 im Besitz der „Kongregation der Missionare vom Kostbaren Blut" (künftig: Sanguinisten) befindliche Haus „Mayburger-kai 2" (Josef-Mayburger-Kai 2) dieser abgekauft hätte[24] und sich jetzt 39 der ehemals 50 Mitglieder der Kongregation in der Villa Trapp befänden.[Z36][25]

Im Juni (Georg) bzw. Juli 1939 (der Rest der Familie außer offenbar Rupert, der als einziger 1933 die österreichische Staatsbürgerschaft angenommen hatte und damit inzwischen Deutscher geworden war[B30:134]) befanden sich

---

[24] Der Geschichte dieser Kongregation zufolge wurde das „Pauluskolleg" beschlagnahmt und fiel dann durch „Zwangsverkauf" an die Deutsche Arbeitsfront (DAF).[B27:89f.] Erworben wurde das Grundstück mit Vertrag vom 7. Januar 1939 durch das Deutsche Reich für einen Betrag von 178.000 Reichsmark (ca. 1,23 Millionen Euro in 2023[W16]); mit Entscheid vom 16. August 1948 wurde der Verkauf, da unter politischem Druck geschehen, vom Landgericht Salzburg für nichtig erklärt und das Eigentumsrecht der Sanguinisten wieder im Grundbuch eingetragen. Diese mussten allerdings zumindest den größeren Teil des Kaufpreises an das „Deutsche Reich", in der Form eines vom Gericht bestellten Anwalts, zurückerstatten.[A57] Tatsächlich zog 1938 u.a. die Abteilung „Propaganda, Schulung, Politische Stoßtrupps" der DAF in das ehemalige Gasthaus „Mayburgerhof" (St.-Julien-Straße 1 und Maiburgerkai 2 [Z31]) ein,[B41:200], aber auch die „Landeskulturwaltung, Gau Salzburg" bzw. der „Landeskulturwalter Gau Salzburg" (eine Dienststelle der Reichskulturkammer)[Z37; B41:206] und vor allem das Reichspropagandaamt Salzburg.[B41:206] Die „Gauwaltung" der DAF befand sich dagegen in der Auerspergstraße 13,[B33:299] die dann in „Straße der SA" umbenannt wurde.[B34:213]

[25] Laut Auskunft aus dem Archiv der Deutschen Provinz der Sanguinisten fand der Einzug erst am 10. März 1939 statt.[A23] Hier muss ich jedoch dem zeitgenössischen Zeitungsbericht einen höheren Stellenwert einräumen. Möglicherweise war der Einzug zu diesem späteren Zeitpunkt abgeschlossen, allerdings schreibt Willi Klein nur von „35 Seminaristen, zwei Laienbrüder[n], zwei Vöcklabrucker Schwestern und drei Vorgesetzte[n]".[B27:90]

die Trapps wieder in der „Ostmark", u.a. um beim Fürsterzbischof in Salzburg vorbeizusehen und sich im amerikanischen Konsulat in Wien die Besuchervisa für die zweite
Amerika-Tournee zu besorgen.[B30:226-228] Ob sie bei
dieser Gelegenheit ihre Villa besuchten oder dort über-
nachteten, ist unklar. Elisabeth Monarth schrieb, wohl auf
Erinnerungen von Johanna Winter, geb. Trapp (1919–1994),
zurückgreifend, dass die Trapps damals bei Verwandten
wohnen mussten, da die Villa vom Post- und Telegraphen-
amt übernommen worden wäre,[B32:77] wobei jedoch in
einer Anmerkung darauf hingewiesen wird, dass Johannas
Schwester Maria auf Nachfrage nichts von einer solchen
Übernahme bekannt gewesen sei.[B32:83] [26] Tatsächlich
gab es diese auch nicht; die Sanguinisten konnten noch
etwa ein Jahr in der Villa verbleiben.

Möglicherweise jedoch erwog Georg damals einen Verkauf
der Villa. Jedenfalls beriefen sich die Halleiner Schulschwestern (s.u.) in einem Brief an Georg vom 18. Juni 1945
auf die Aussage des ehemaligen Präfekten des Borromäums und nun Stadtpfarrers von Aigen, Domkapitular Bene-
dikt Stampfl (1896–1972), dass Georg die Villa „in früheren
Jahren" dem f.e. Ordinariat zum Kauf angeboten hätte.
[A55e:2] Im Grunde könnte sich dies nur auf 1938 oder 1939
beziehen, wobei 1939 wahrscheinlicher wäre, da nunmehr
die etwas verfrühte Ankündigung Georgs an Matthias Wasner im September 1937, man werde „immer unterwegs
sein",[A39] Realität zu werden schien. Denn 1939 hatte sich

---

[26] Die älteren Kinder aus erster Ehe hielten sich im Gegensatz zu Maria
und ihren Kindern damals offenbar vornehmlich bei der Verwandtschaft
ihrer verstorbenen Mutter auf.[B30:227]

Rupert mit Sicherheit für die Emigration entschieden, Maria schien nach ihren Erfahrungen im Winter 1938/39 und der Geburt ihres jüngsten Kindes Johannes (*1939) in den USA mit einem längerfristigen Aufenthalt dort zu liebäugeln – und Franz Wasner hielt sich wohl als katholischer Pfarrer von seiner Heimat sicherheitshalber fern, so dass der Chor ohnehin nur noch außerhalb des Deutschen Reichs auftreten konnte.[B30:226f., 231] Allerdings dürften die Erfahrungen mit den neuen Machthabern bereits 1938 – und mit Sicherheit 1939 – keine großen Illusionen auf Seiten der Kirche mehr genährt haben, ihr Eigentum bliebe unangetastet, so dass ein Kauf der Villa eher sinnlos gewesen wäre.

Juli 1940 – Juni 1943

Laut Auskunft aus dem Archiv der Sanguinisten mussten diese die Villa Trapp im Juli 1940 verlassen, da der Reichsarbeitsdienst sie „beschlagnahmte".[A23][27] Die Zeitangabe deckt sich mit einem Schreiben der ehemaligen Haushälterin Franziska Hlavka an Matthias Wasner vom 2. August [1940],[28] dass die Mieter (offensichtlich die Sanguinisten) die Villa Trapp am 20. Juli [1940] geräumt hätten, sie aber sieben Zimmer für die Sachen der Trapps und Wasners nutzen konnte;[29] die übrige Villa musste leer übergeben werden.[A40] Zum Rest der Auskunft sind jedoch einige kritische Bemerkungen nötig:

Der auch in zeitgenössischen Schriftstücken durchaus anzutreffende Begriff „Beschlagnahmung" oder „Beschlagnahme"(z.B. [A16:38, 113]) ist hier nicht zutreffend.[30] Georg

---

[27] In der Geschichte der Kongregation schreibt Klein dagegen erneut von der Deutschen Arbeitsfront als Nutznießer der „Beschlagnahme". [B27:91] Die Sanguinisten mieteten sich dann vorübergehend bei den Pallottinern auf dem Mönchsberg ein, die jedoch bald darauf ebenfalls vertrieben wurden, so dass die Sanguinisten bis Kriegsende kein Unterkommen in Salzburg mehr fanden.[B27:92]

[28] In meinen „Notes on the Trapp Family in Austria" hatte ich dieses Schreiben ohne Jahreszahl fälschlich auf 1941 datiert und daher angenommen, die Sanguinisten hätten erst dann ausziehen müssen. [B30:220]

[29] Als die Sanguinisten die Villa gemietet hatten, sollen es noch drei Räume mit Möbeln der Trapps gewesen sein.[B27:90]

[30] Das Gleiche gilt für Begriffe wie „konfisziert"[Z15] oder „geraubt"[Z48].

galt weder als „Jude" noch war er zum „Volksfeind" erklärt
worden, also gab es keine Rechtsgrundlage für eine Einziehung seines Besitzes, der eine Beschlagnahme hätte vor-
ausgehen können.[R2:2991] Zudem war Georg weder als
Italiener noch (vorerst) durch seinen Aufenthalt in den USA
Angehöriger einer feindlichen Macht, so dass auch diese
Begründungsmöglichkeit entfällt. Da außerdem jeglicher
Hinweis fehlt, Georg wäre bei den Nationalsozialisten in
Ungnade gefallen, gab es auch keinen Anlass zu einer Be-
schlagnahme. Eine solche wäre wohl auch, als Anmerkung,
im Grundbuch eingetragen worden,[31] was nicht der Fall ist.
[A26]

Und schließlich wissen wir durch Dokumente von Georgs
Anwalt Alfred Wolff, dass es sich hier nicht um eine Be-
schlagnahme handelte, sondern dass die Villa und das
Grundstück auf der Basis des Reichsleistungsgesetzes[32]

---

[31] §2, Abs. 3 der „Verordnung über die Einziehung volks- und staatsfeindlichen Vermögens" zum Thema der „Beschlagnahme" „[z]ur Vorberei-
tung der Einziehung": "Bei Liegenschaften und bücherlichen Rechten ist
auf Antrag der beschlagnahmenden Behörde die Beschlagnahme im öf-
fentlichen Buch anzumerken."[R2:2991] Bei einer Einziehung wäre, ge-
mäß §4 Abs. 3 dieser Verordnung,[R2:2991] die Anmerkung gelöscht und
das entsprechende Recht zugunsten des Landes Österreichs im Grundbuch eingetragen worden. (Eine „Löschung" hätte indes nicht bedeutet,
dass die vorherige Eintragung aus dem Grundbuch verschwunden wäre.)
Gert Kerschbaumer stellt korrekt dar, dass es sich nicht um eine Enteignung handelte, begründet dies damit, dass im Grundbuch nichts Entsprechendes „registriert" worden sei, und behauptet, es sei „nur" eine
Beschlagnahme gewesen.[Z18:8]

[32] „Gesetz über Sachleistungen für Reichsaufgaben".[R3] Im späteren
Schriftverkehr ist auch von „Kriegsleistungsgesetz"[A16:4] oder „Quar-

vom 1. September 1939 durch die Stadt Salzburg bzw. deren Oberbürgermeister ab Juni 1940 in Anspruch genommen und Wolff verpflichtet wurde, an die SS (genauer: das SS-Hauptamt, s.u.) als „Bedarfsträger" zu vermieten. [A16:22; A55j:2][33] Eine schriftliche Vereinbarung direkt mit der SS gab es jedoch nicht; die Angelegenheit lief über die Stadt Salzburg.[A16:29a]

Dies führt zu der Behauptung, der Reichsarbeitsdienst habe die Villa genutzt. Christian Strasser, Koautor des Buchs „Im Schatten der Mozartkugel", teilte mir 2024 mit, dass er 2007 beim Ausräumen von Himmlers Zimmer in der Villa Trapp behilflich gewesen war und dort an der Rückseite der Möbel Blechschilder mit der Aufschrift „Reichsarbeitsdienst Berlin Zehlendorf" bemerkt hatte.[A38] In den Unterlagen ist eine Beteiligung des Reichsarbeitsdienst (oder der DAF) jedoch nicht nachweisbar; sie ist auch nicht glaubhaft. Dass Mobiliar des Reichsarbeitsdiensts in der Villa Trapp zu finden war, erscheint nicht ungewöhnlich, da sich dieser von 1938 bis 1942 im nahe gelegenen Schloss Aigen befand

---

tierleistungsgesetz"[A16:38] die Rede. §25 dieses Gesetzes sah die Möglichkeit einer Beschlagnahme vor.[R3:1650]

[33] Leider gibt es laut Auskunft des Stadtarchivs Salzburg darüber keine Unterlagen mehr.[A37] Agathe behauptet, Georg sei darüber informiert worden, dass die Nazis die Villa mieten wollten, habe aber abgelehnt und darauf hingewiesen, dass sie bereits vermietet sei. Daraufhin hätten die Nazis die Priester hinausgeworfen und die Villa „in Besitz genommen". [B57:134] Es ist möglich, dass es sich ungefähr so abspielte – Georg und Wolff standen in brieflichem Kontakt und die Rechnungslegung bis 30. Juni 1941 war noch an ihn gerichtet[A16:4] – und Salzburg bzw. die SS dann zum Reichsleistungsgesetz griffen.

[B40:162; B2:10][34] und man sich bei der Einrichtung der Villa möglicherweise dort bediente. (Das Schloss wurde im Mai 1942 von der NSDAP dem Deutschen Roten Kreuz überlassen.[Z47])

Tatsächlich also mussten die Sanguinisten im Juli 1940 die Villa Trapp verlassen; wann genau die SS einzog, ist nicht gesichert.[35] Spätestens ab Oktober 1940 indes zahlte die SS 500 Reichsmark Miete pro Monat.[A16:5][36] Dieser Betrag war offenbar vom Wohnungsamt Salzburg festgelegt worden;[A16:23] ob auf der Basis einer vorhergehenden Mietzahlung durch die Sanguinisten, ist leider nicht bekannt.

Und so wandelte sich die Villa Trapp – nach Anlaufschwierigkeiten, denn die Zentralheizung erwies sich im Herbst als „vollkommen unbrauchbar und unverwendbar" und bis zur Reparatur musste man „einige Wochen in ungeheizten

---

[34] Allerdings sollte der Gruppenstab der Gruppe 334 des Reichsarbeitsdiensts im Frühjahr 1940 vom Schloss Aigen in einen Neubau an der Salzach umziehen.[Z39] Doch auch das „Ostmark-Jahrbuch" für 1942 verzeichnet diese Gruppe noch als in Aigen-Glas befindlich.[B41:206] Eine private Zimmersuche vom 31. Oktober 1942 belegt, dass die Gruppe zu diesem Zeitpunkt in der „Straße der Sudetendeutschen" (heute „Franz-Hinterholzer-Kai") residierte.[Z45] Im „Wiener Zeit- und Wegweiser" für 1943 wird denn auch die „Straße der Sudetendeutschen Nr. 2" als Adresse angegeben.[B66:38]

[35] Die Angabe Wolffs, die SS hätte bereits im Juni 1940 die Villa übernommen,[A16:22] bezieht sich möglicherweise auf den, leider nicht vorliegenden, Beschluss der Stadt Salzburg. Nach dem Krieg schrieb Wolff mindestens zwei Mal – und falsch –, die Zwangsvermietung hätte 1941 begonnen.[A55j:2, A55y:1]

[36] Die vorliegenden Abrechnungsübersichten Wolffs beginnen mit dem 12. Oktober 1940.[A16:5]

Räumen arbeiten"[A16:7] – in die Ergänzungsstelle des SS-Oberabschnitts XVIII „Alpenland", also das über das zentrale SS-Ergänzungsamt dem SS-Hauptamt unterstehende, [A20:4] regionale Rekrutierungsbüro für SS und Polizei.[37]

Im Februar 1940 hatte sich die Ergänzungsstelle für den Oberabschnitt XVIII noch in dessen Hauptsitz am Kapitelplatz 2 in Salzburg befunden.[Z40] In einem Artikel im „Salzburger Volksblatt" vom 4./5. Januar 1941 wird nun erstmals öffentlich die „Gyllenstormstraße 8" als Standort der Ergänzungsstelle genannt.[Z42][38]

Geleitet wurde die Ergänzungsstelle von einem SS-Sturmbannführer Hauser.[Z43][39] Da es mindestens zwei Sturmbannführer namens Hauser in Salzburg gab, einen Jakob[Z38] und einen Johann[Z50], konnte ich die genaue Identität bisher nicht feststellen, tendiere aber zu Jakob, da

---

[37] Diese Ergänzungsstelle ist in den "Nationalsozialistischen Jahrbüchern" für 1941 bis 1943 (mit Redaktionsstand wohl jeweils Oktober des Vorjahres) nicht eigens ausgewiesen.[B35; B36; B37] Im Adressbuch Salzburgs für 1942 findet man noch "Trapp Georg, Baron, und Marie, Korvettenkapitän a.D., Gyllenstormstraße 8" [B2:300]. (Zur Sicherheit sei angemerkt, dass Georg kein „Baron" bzw. Freiherr war und keinen Anspruch auf diese Anrede hatte.[B30:136f.])

[38] Man behielt sogar die 1907 für Walter Kuenburg vergebene Telefonnummer 418,[Z10] neben einer neueren.[Z46]

[39] Dieser erhielt im März 1941 eine Lebensrettungsmedaille.[Z43]

später ein SS-Obersturmbannführer Jakob Hauser Leiter des Ersatzkommandos Südost war.[B68:266, 475][40]

Daneben sind noch bekannt: der Zahlmeister, SS-Obersturmführer Fritz Eichberger;[A20:4] ein Leiter der Musterungskommission, SS-Hauptsturmführer Stocker,[A20:3][41] und ein Kraftfahrer der Ergänzungsstelle, Fritz Schweighofer (geb. 1911), der dort von seiner Einziehung am 27. November 1939 bis Juni 1943 tätig war, also auch den gesamten Zeitraum, in dem sich die Ergänzungsstelle in der Villa Trapp befand.[A20:1] Geographisch zuständig war die Ergänzungsstelle, in den Worten Schweighofers, für „Steiermark, Tirol, Vorarlberg, Salzburg und Kärnten, also [den] westlichen Teil Österreichs, südlich der Donau."[A20:2] Anläßlich eines Besuchs der Ergänzungsstelle durch Verwundete am 29. Mai 1942 berichtete die „Salzburger Landeszeitung": „Die Gäste besichtigen u. a. die Gemüsebeete der Gefolgschaftsmitglieder und erfahren, dass die Gefolgschaft der Dienststelle zu 95% aus Verletzten zusammengesetzt sei."[W9:308]

Noch konnte die SS die Villa aber nicht komplett „für Kanzleizwecke und teilweise auch zur Unterbringung der Mannschaft"[A16:4] nutzen, denn es waren noch die Habseligkeiten der Trapps und Franz Wasners eingelagert. Am 19. Oktober 1941 schrieb Frau Hlavka, die bereits 1938 bei

---

[40] Möglicherweise identisch mit dem am 18. Juli 1900 geborenen Jakob Hauser.[W14] Ein Blick in dessen Akte im Bundesarchiv Berlin (R 9361-III/529494) könnte darüber Aufschluss geben.

[41] Vermutlich Adalbert Stocker, Führer der 76. SS-Standarte,[Z41] geb. 16. September 1910 (Bundesarchiv Berlin: R 9361-III/558492).

dieser Einlagerung geholfen hatte[B57:135] und die sich im Auftrag Wolffs weiterhin um die Sachen kümmerte,[A16:5] an Matthias Wasner, dass nun bis zum 26. Oktober der Privatbesitz inkl. Mobiliar aus der Villa entfernt werden müsse. [A41] Er wurde dann teilweise im Lagerhaus Wildenhofer in Salzburg eingelagert, teilweise bei einem Schwager von Georgs erster Frau in Klosterneuburg, jeweils im Versicherungswert von 35.000 Reichsmark. Dagegen waren die in der Villa verbliebenen Gegenstände lediglich mit 3.000 Reichsmark versichert.[A16:22] Die Miete wurde rückwirkend ab November 1941 auf 577 Reichsmark erhöht. [A55a:2]

* * *

Mit Verordnung vom 5. August 1941 wurden Amerikaner mit Vermögen im Deutschen Reich sowie Verwalter entsprechenden amerikanischen Vermögens verpflichtet, dieses bis zum 1. Oktober 1941 beim zuständigen Finanzamt anzumelden. Auch bei Zweifeln, ob der Eigentümer seinen Wohnsitz oder dauernden Aufenthalt in den USA habe, bestand diese Anmeldepflicht.[R5] Georgs Anwalt Wolff kam dieser erst verspätet am 7. November 1941 nach.[A16:1f.]

Seine Zweifel an der Notwendigkeit der Anmeldung vermerkte er auf dem „Anmeldebogen B", der für Verwalter amerikanischen Vermögens vorgesehen war, folgendermaßen: „Capitän Georg von Trapp befindet sich derzeit auf Concertreisen. Es ist daher fraglich, ob er dort seinen Wohnsitz oder dauernden Aufenthalt besitzt und daher zur Anmeldung seines Vermögens als feindliches Vermögen verpflichtet ist. Sie erfolgt lediglich vorsichtsweise unter Rechtsvorbehalt."[A16:2] Zu diesem Zeitpunkt und in diesem Zusammenhang war jedoch von „feindlichem Vermögen" eigentlich noch keine Rede.

Der Anmeldebogen, auf dem Georgs italienische Staatsbürgerschaft angegeben war und auf dem, offenbar später, handschriftlich „nicht Jude" vermerkt wurde,[A16:1] ging zuerst korrekterweise an das Finanzamt Salzburg. Von dort wurde er an den Oberfinanzpräsidenten Berlin als vorgesetzte Behörde weitergeleitet, wo er am 13. Januar 1942 eintraf und vorerst liegenblieb.[A16:1] Am 21. Februar 1942 wurde Wolff vom Amtsgericht Salzburg als Abwesenheitspfleger des Trappschen Besitzes bestellt.[A16:13] Am 9. April 1942 wurden die Vereinigten Staaten in die Liste der Feindstaaten aufgenommen, deren Vermögen im Deutschen Reich in die Zuständigkeit des „Reichskommissars für die Behandlung feindlichen Vermögens" (nachfolgend „Reichskommissar" für die Behörde) fiel,[R6] womit Georg nun Gefahr lief, als „Wohnsitzfeind" betrachtet zu werden.

Bald darauf soll sich Besonderes ereignet haben: *Am 29. April 1942 richteten sich die Augen der Welt auf die Villa Trapp: Der „Duce", Adolf Hitler und Heinrich Himmler trafen mit großem Gefolge ein. Der flugängstliche Mussolini war mit dem Zug aus Italien angereist und in Aigen ausgestiegen. Zu Fuß marschierte der Tross zur Villa.*[B50:97]

Auf Nachfrage verwies Christian Strasser, der diesen Part des Buchs „Im Schatten der Mozartkugel" geschrieben hatte, auf (mir nicht bekannte und auch nicht näher spezifizierte) Wochenschauberichte des Besuchs und auf Erzählungen des österreichischen Schauspielers Herbert Fux

(1927–2007), die auch in dessen posthum erschienenen Memoiren zu finden sind.[A38] Tatsächlich wohnte Fux mit seiner Mutter Margarete, geb. Kreibich (1902–1981), seit 1. März 1938 in der von deren Vater gekauften Villa „Aigen-Abfalter 62" (Gyllenstormstraße 9; heute Traunstraße 30; s. auch [B20:79]) und damit in direkter Nachbarschaft zum Grundstück der Trapps.[A31] In seinen Memoiren schreibt Fux, dass *Himmler das schöne Anwesen für sich entdeckte und zu seinem Sommersitz machte. [...] Eines Tages hörte ich Kommandos und Marschmusik. Ich ging zum Gartentor, um nachzusehen, was denn da los war. Da kamen innerhalb eines dichten SS-Spaliers Hitler, Mussolini und Himmler gerade vom nur rund 100 Meter entfernten Bahnhof Aigen. Einige Minuten blieb die illustre Gruppe vor unserem Gartentor stehen und unterhielt sich. Ich starrte durch das Gartengitter dieses Triumvirat des Schreckens an, das nur wenige Meter entfernt stand.*[B14:25]

Abgesehen davon, dass Fux keine Angaben zum Zeitpunkt macht und auch nicht behauptet, die drei seien in die Villa Trapp gegangen oder aus ihr gekommen, bleibt festzustellen, dass ein solches Ereignis nie stattfand.[42] Es gibt keinen Hinweis darauf und auch keinen Grund anzunehmen, dass Hitler jemals in oder vor der Villa Trapp gewesen wäre. Mussolini kam 1942, 1943 und 1944 jeweils ein Mal nach Salzburg zu Unterredungen mit Hitler. Am 29. April 1942 holte

---

[42] Offenbar nie hinterfragt wurde, warum man einen Staatsgast in der angemieteten Villa Trapp hätte empfangen sollen, die in keinerlei Hinsicht repräsentativen Charakter hatte. Oder hätte Mussolini die Villa seiner Landsleute sehen wollen, die ihm einige Jahre zuvor ein Privatkonzert in Rom gegeben hatten?[B30:153]

Hitler ihn am Bahnhof Puch-Oberalm[43] ab und fuhr mit dem Wagen nach Schloss Kleßheim,[B52:2000] dessen Renovierung für Staatsempfänge gerade abgeschlossen worden und dessen erster Staatsbesucher eben Mussolini war.[B64:38] Am folgenden Tag brachte Hitler ihn ebenfalls mit dem Wagen wieder an den Bahnhof Puch-Oberalm. [B52:2001] Himmler dagegen war am 29. April und den größeren Teil des Folgetags in München, bevor er zum Familiensitz in Gmund am Tegernsee fuhr.[B16:412f.]

Am 7. April 1943 holte Hitler Mussolini wiederum mit dem Wagen am Bahnhof Kleßheim ab und fuhr zum Schloss Kleßheim; die Verabschiedung am 10. April 1943 erfolgte wieder am Bahnhof Kleßheim.[B52:2078-2080] Himmler kam am 9. April 1943 aus Berchtesgaden (s.u.), um unter anderem Mussolini in Schloss Kleßheim zu treffen und nachts nach Berchtesgaden zurückzukehren.[B61:231] Bei den Gesprächen zwischen Hitler und Mussolini am 22. und 23. April 1944, erneut in Schloss Kleßheim, gab es offenbar die vorher übliche Abholung und Verabschiedung am Bahnhof überhaupt nicht mehr;[B52:2214] in Himmlers Dienstkalender gibt es für diese Tage keinen Eintrag für eine Unterredung mit Mussolini (oder Hitler), obwohl sich Himmler nunmehr tatsächlich in der Villa Trapp befand.[B61:696-698] Wen immer Fux an seinem Gartentor gesehen haben mag – Hitler und Mussolini jedenfalls nicht.

---

[43] Bereits am 19. Januar 1941 hatte Hitler Mussolini an einem Sonderbahnsteig dieses Bahnhofs abgeholt und war mit ihm zum Obersalzberg gefahren; am folgenden Tag verabschiedete er ihn wieder an diesem Bahnhof.[B52:1893]

Mit Schreiben vom 25. September 1942 teilte der Reichs-
kommissar, vertreten durch ORR Dr. Höhne, Georgs Anwalt
Wolff mit, dass er zu dem Schluss gekommen sei, dessen
Grundstücke seien in „feindlichem Eigentum".[44] Unter den
Fragen, die Wolff in diesem Zusammenhang beantworten
sollte, lautete eine, ob der Eigentümer Jude sei.[A16:3]

Auch damit war Georgs Besitz in Salzburg und Pullach jedoch nicht beschlagnahmt, sondern er stand unter „treu-
händerischer Zwangsverwaltung".[B29:4] Die Einsetzung
eines Verwalters diente der „Sicherstellung und Erhaltung
des Vermögens".[R4:193] Da es sich nicht um „jüdi-
sches" Vermögen handelte, war es damit sogar, wie sich
zeigen wird, bis zu einem gewissen Grad vor Willkür seitens
der SS geschützt.[45]

Unter dem 26. Oktober 1942 richtete der Reichskommissar
die Anfrage an die Reichsrechtsanwaltskammer in Berlin,

---

[44] Bei der Arbeit an den „Notes on the Trapp Family in Austria" erkannte
ich nicht, dass das letzte Blatt der sehr kurzen Akte R 87/7229 aus dem
Bestand „Reichskommissar für die Behandlung feindlichen Vermögens" im Bundesarchiv lediglich die Entnahme einiger Seiten dokumen-
tieren sollte, die Rückseite – ohne Angaben von Datum, etc. und überdies
durchgestrichen – sich jedoch keineswegs auf den Trappschen Besitz
bezog.[A17:9-14] Dass es eine umfangreichere Akte zur gleichen Thema-
tik gab, war mir bekannt; den naheliegenden Schluss zog ich nicht daraus. (Mein Dank an das Bundesarchiv Berlin, das diese Akte inzwischen
digitalisierte.) Meine Behauptung, der Reichskommissar hätte den
Trappschen Besitz nicht unter Verwaltung gestellt,[B30:221] war daher
unnötig falsch. Aber wie sagt man in Japan: Auch ein Affe fällt mal vom
Baum.

[45] Zur Tätigkeit des Reichskommissars vor allem in Bezug auf Unterneh-
men, s. [B29].

ob Bedenken gegen Wolff als Verwalter beständen.[A16:12] Die Salzburger Rechtsanwaltskammer erklärte daraufhin am 10. November 1942, dass keine Bedenken beständen,[A16:14] ein Schreiben gleichen Tenors durch die Reichsrechtsanwaltskammer folgte am nächsten Tag. [A16:15]

Daraufhin stellte der Reichskommissar am 17. November 1942 den Antrag beim Oberlandesgericht Innsbruck, das u.a. für Salzburg zuständig war, Wolff als Verwalter des gesamten inländischen Vermögens Georgs zu bestellen, da dieser als Italiener in den USA wohne, mit der Einschränkung, dass für „alle Geschäfte, welche den Verkauf oder Belastung der Grundstücke zum Gegenstand haben," die Genehmigung des Reichskommissars von Nöten sei. [A16:16] Dem folgte das Oberlandesgericht Innsbruck mit Schreiben vom 24. November, präzisierte indes folgendermaßen:

Nur mit ausdrücklicher vorheriger Zustimmung des Reichskommissars für die Behandlung feindlichen Vermögens darf der Verwalter

a) Grundstücke oder grundstücksgleiche Rechte erwerben, veräußern oder belasten,

b) Neu- und Umbauten wesentlichen Umfangs vornehmen.

Bei grundsätzlichen Maßnahmen, welche den Bestand der Liegenschaften betreffen, wie z.B. deren Veräußerung, ist außer der Zustimmung des Reichskommissars für die

Behandlung feindlichen Vermögens die Bestätigung durch das Oberlandesgericht Innsbruck erforderlich.[A16:17][46]

Abgesehen davon und von den Berichtspflichten an den Reichskommissar hatte sich für Wolff nichts Grundlegendes geändert.

Etwa zur gleichen Zeit scheint Wolff erfahren zu haben, dass die SS beabsichtigte, ihre Ergänzungsstelle aus der Villa Trapp abzuziehen, und dass an deren Stelle kinderreiche Familien einquartiert werden sollten. Denn am 31. Dezember 1942 nahm Georgs in Österreich verbliebene Schwester Hede von Trapp (1877–1947) auf eine entsprechende Mitteilung Wolffs Bezug und hielt dies für „eine sehr unerfreuliche Sache, denn dies wird dem Haus und der Einrichtung wenig zuträglich sein."[A16:29]

Doch es sollte ganz anders kommen.

---

[46] Dass Wolff zum Verwalter des Trappschen Vermögens bestellt worden war, wurde dem Reichsminister für Justiz, dem Reichsminister für Finanzen, dem Auswärtigen Amt, dem Chef der Sicherheitspolizei und des SD sowie dem Oberfinanzpräsidenten Berlin-Brandenburg mitgeteilt. [A16:19]

Juni 1943 – Mai 1945

Am 16. Juni 1943 nahm Heinrich Himmler ein als „Feldkommandostelle"[B61:308] bzw. „Kommandohaus"[A7:164] in Betracht gezogenes Objekt in Aigen in Augenschein. Bevor die Auswirkungen dieses ersten und für die nächsten mehr als acht Monate einzigen Besuchs Himmlers in der Villa Trapp behandelt werden, ist ein Exkurs über die „Feldkommandostelle Bergwald" nötig.

Während des Krieges hielt sich Himmler selten in Berlin oder München, sondern meist in seinem Sonderzug (zuerst mit dem Decknamen „Heinrich", ab 1. Februar 1943 „Steiermark"[A13:24]) und in sog. „Feld-Kommandostellen" auf, die sich üblicherweise in der Nähe von Hitlers Aufenthaltsorten befanden.[B15:XVII; B16:36; B61:9f.] Himmlers Dienstkalender vom 13. November 1942 weist nun folgende Einträge auf: „14.00 Essen Gmund – 16.00 Fahrt nach Berchtesgaden – 18.00 Ankunft Berchtesgaden [/] Wohnung Berchtesgadener Hof – 20.00 Essen [...]".[B16:612] Am folgenden Tag finden wir die Überschrift „Berchtesgaden" und keinen Hinweis darauf, dass Himmler Berchtesgaden oder das Hotel verließ.[B16:613] Das Terminblatt für Sonntag, den 15. November 1942, trägt jedoch die Überschrift „Bergwald".[B16:613]

Dieser Umstand erklärt sich aus einem Schreiben des Chefs des Fernmeldewesens der SS, (zuletzt) SS-Obergruppenführer Ernst Sachs (1880–1956), vom 14. November 1942, in dem er mitteilt, dass für die „neue Unterkunft der Feldkommandostelle RFSS" der „Deckname Bergwald" festgelegt worden sei und ab 12 Uhr des gleichen Tages in Kraft trete.[A13:31]

Es wurde zwar nirgends explizit dargelegt, doch kann man davon ausgehen, dass sich die „Feldkommandostelle Bergwald" zu diesem Zeitpunkt in Berchtesgaden befand[47] und mit einiger Wahrscheinlichkeit Räume im Hotel „Berchtesgadener Hof" in der Hanielstraße bezeichnete. Weitere Einträge in Himmlers Dienstkalender von 1942 und 1943, aber auch in anderen Akten, widersprechen dieser Annahme üblicherweise nicht bzw. bestärken sie. So findet man z.B. im handschriftlich geführten „Tischkalender" Himmlers unter dem 23. März 1943, an dem Himmler sich bis nachmittags in Gmund aufhielt, für 16.30 Uhr bis 18.30 Uhr „mit dem Auto nach Berchtesgaden ‚Berchtesgadener Hof'", anschließend für 18.30 Uhr bis 20 Uhr „gearbeitet", danach „Abendessen" und wieder „gearbeitet".[A7:79] Am nächs-

---

[47] In der deutschen Ausgabe der „Tagebuchblätter" von Himmlers Physiotherapeuten Felix Kersten (1898–1960) finden sich zwei Einträge mit den Kopfzeilen „Berchtesgaden, 4. März 1943"[B25:219] bzw. „Berchtesgaden, 6. März 1943"[B25:221]. Bei beiden wird nicht explizit behauptet, dass sich Himmlers Feldkommandostelle dort befand – in der holländischen Ausgabe ist allerdings für den 4. März vom Hauptquartier in Berchtesgaden die Rede[B24:74] –, zudem besagt Himmlers Dienstkalender, dass er sich an beiden Tagen in „Hochwald" in Ostpreußen (s.u.) aufhielt. [B61:171-176] Hinzu kommt, dass Kersten beide Tage im Zusammenhang mit einer Besprechung über die Verlagerung holländischer Kunstschätze behandelt (s. auch [B25:222]), außer in der späteren englischen Ausgabe, in der es am 6. März 1943 in Salzburg(!) angeblich um den Freistaat Burgund ging[B26:184] und in der der 4. März nicht in Erscheinung tritt. In der holländischen Ausgabe wiederum wird das Thema „Burgund" unter dem 5. März 1943 im Hauptquartier in Berchtesgaden behandelt.[B24:86] S. auch weiter unten zu den Einträgen zu Salzburg.

ten Tag ist das Blatt mit „Bergwald" überschrieben; erst gegen Abend weist der Eintrag „nach Salzburg" auf ein Verlassen des Hotels hin.[A7:80]

Lediglich das oben erwähnte Schreiben Sachs' wirft ein Problem auf, denn dort wird angegeben, die neue Feldkommandostelle sei „durch Fernsprecher [/] 1. über Sonderplatz Berlin – Fernamt Reichenhall [/] 2. über Sonderplatz München – Fernamt Reichenhall [/] 3. über Ortsamt Reichenhall" zu erreichen.[A13:31] Da jedoch Berchtesgaden ein eigenes Ortsnetz und ein eigenes Fernamt mit „ununterbrochenem Dienst" hatte,[B46:10] stellt sich die Frage, ob „Bergwald" nicht doch in Reichenhall gelegen haben könnte, stand dort doch offenbar auch Himmlers Sonderzug.[A13:30][48]

Dagegen spricht wiederum, dass Himmler sich vom 19. bis 23. April und vom 30. April bis zum 2. Mai 1943 tatsächlich in Reichenhall aufhielt – ob in seinem Sonderzug oder in einer stationären Einrichtung wie dem Standortkasino (vgl. [A45:426f.]), kann an dieser Stelle nicht geklärt werden –, wobei hier jedoch nie die Rede von „Bergwald" ist.[A7:106-119][49] In diesem Zusammenhang sind auch Himmlers Tischkalendereinträge vom 25. und 26. Mai 1943 von Inte-

---

[48] Man beachte, dass die von Sachs angekündigte Fahrt Himmlers nicht stattfand.[A13:29] Ein weiteres Problem ist der Eintrag „Arbeit in der Kommandostelle" im Dienstkalender für den 28. Mai 1943, denn Himmler hielt sich an diesem Tag offenbar in Gmund auf.[B61:293]

[49] In der Edition des Dienstkalenders für 1943 bis 1945 findet man für diese Zeit die Ortsangabe „Berchtesgaden" in den editorischen Tagesüberschriften, die jedoch, wie auch in anderen Fällen, nicht der Quelle entnommen wurde und daher unzuverlässig ist.[B61:245-259]

resse: am 25. Mai „im Zug [...] an Reichenhall, gearbeitet, nach Berchtesgaden, gearbeitet [...]";[A7:142] nachdem er frühmorgens am 26. Mai in das „Hotel" zurückgekehrt ist,[B61:290] befindet sich Himmler offensichtlich in „Berg-wald", bevor er nachmittags nach München aufbricht. [A7:143]

Daher bin ich persönlich der Überzeugung, dass es sich bei „Bergwald" 1942/43 um das Hotel Berchtesgadener Hof in Berchtesgaden handelte.[50] In diesem „Bergwald" hielt sich Himmler, nicht notwendigerweise den ganzen oder auch nur einen Großteil des Tages, vom 14. bis 24. November und vom 27. bis 28. November 1942 auf,[A7; A15; B16] dann wieder vom 23. März bis 2. April, vom 7. bis 17. April, am 25. und 26. Mai, vom 5. bis 12. Juni sowie vom 15. bis 19. Juni 1943.[A7; A9; A15; A44; B61][51] An diesem 19. Juni kehrte

---

[50] Die Stadtarchive in Bad Reichenhall[A1] und Berchtesgaden[A2] sowie die Dokumentation Obersalzberg[A4] konnten zu dieser Frage leider keine Lösungen anbieten. Das in doppelter Hinsicht naheliegende „Haus Bergwald" – heute „Gästehaus Bergwald" im Duftbachweg in Berchtes-gaden – existiert zwar bereits seit 1937,[A3; Z34] der derzeitige Besitzer und Enkel des Erbauers, Anton Brandner, zeigt sich jedoch überzeugt, dass ihm sein Großvater davon berichtet hätte, hätte es sich auch nur vorübergehend um eine Feldkommandostelle Himmlers gehandelt.[A3] Es wäre für Himmlers Zwecke auch unterdimensioniert gewesen.

[51] In den Quellen [A6; A7; A15; A44; A45; B16; B61] taucht allerdings der Begriff „Bergwald" für den 27. und 28. November 1942 sowie für den 23. März, 7., 12. bis 15. April, 25. Mai, 7., 11., 12., 15. und 19. Juni 1943 nicht auf; hier steht dann üblicherweise in mindestens einer Quelle „Berchtes-gaden". (Am 28. November 1942 sowie vom 12. bis 14. April und am 11. Juni 1943 findet man keine entsprechende Ortsangabe, der Zusammen-hang legt jedoch den Aufenthalt in Berchtesgaden sehr nahe.) Im Termin-blatt für den 18. Juni 1943 dagegen steht „Bergwald" in der Über-

Himmler von einem Vortrag bei Hitler vom Obersalzberg in den Berchtesgadener Hof zurück, fuhr dann nach Reichenhall und von dort in seine „Feldkommandostelle Hochwald" in Ostpreußen.[B61:317-319][52] Obwohl er 1943 noch mindestens ein Mal in Berchtesgaden war, um am 9. November auf dem Standesamt der Trauung eines SS-Obergruppenführers beizuwohnen,[B61:530] ist in den mir vorliegenden Unterlagen vorerst keine Rede von „Bergwald" mehr.

Himmlers Aufenthalt in Reichenhall in der zweiten Aprilhälfte und Anfang Mai 1943 mag nicht ganz freiwillig gewesen sein. Seine Telefonnotizen vom 8. April 1943 verzeichnen ein Gespräch mit „Gruppenführer Bormann, Berg" – Albert Bormann (1902–1989) auf dem Obersalzberg, der Bruder des im direkt folgenden Eintrag genannten Reichsleiters

---

schrift,[A45:549] während es in der Edition „Berchtesgaden" heißt. [B61:314]

[52] Die „neue" Feldkommandostelle bei Großgarten (Ostpreußen)/Pozezdrze hieß erst ab dem 2. November 1942 so.[A13:32] Der vorherige Deckname „Hegewald" war bereits zum 15. Juli 1942 für eine Feldkommandostelle bei Żytomyr in der Ukraine bestimmt worden, die nun nicht mehr „Solu" oder „Waldhof" genannt werden sollte.[A13:34] Am 2. November 1942 kam Himmler erstmals seit dem 17. Juli 1942 wieder nach Großgarten und besichtigte dort auch die Neubauten in „Hochwald".[B16:605] Dieses bestand aus drei „Lagern", wobei hier auch im September 1943 noch, neben dem Stab Himmlers, Reichsminister Dr. Hans Heinrich Lammers (1879–1962) untergebracht war.[A14:4] (Im gleichen Akt findet sich auch eine „Übersicht über die Gliederung und Stärke der Feldkommandostelle [„Hochwald"] RF-SS.[A14:18-28]) Zu den problematischen Anfängen dieses Komplexes (für über 500 Mann) ab Mai 1941 s. [A13:43-53].

Martin Bormann (1900–1945) – über „Hotelbelegung in Berchtesgaden".[A6:63] Möglicherweise gab es zeitweise nicht genügend Zimmer im Berchtesgadener Hof.

Dass Himmler dann am 16. Juni 1943 mit dem Salzburger Gauleiter Gustav Adolf Scheel (1907–1979) die Villa Trapp in Augenschein nahm, spricht dafür, dass er auf der Suche nach einem eigenen Quartier für die Feldkommandostelle in der Nähe des Obersalzbergs war. Scheel dürfte die Villa allein schon deshalb bekannt gewesen sein, da er 1941 „Höherer SS- und Polizeiführer Alpenland" gewesen war.[53]

* * *

Himmler scheint mit der Villa Trapp als Feldkommandostelle schnell einverstanden gewesen zu sein, denn am 18.[54] Juni 1943 teilte der SS-Sturmbannführer und Jurist Dr. Helmut Fitzner (1900–1953)[A18] Wolff mit, dass die Ergänzungsstelle die Villa verlassen habe,[55] jetzt sollten Teile des

---

[53] Am 19. April 1943, also dem „ersten" Tag in Reichenhall, war Himmler abends in Salzburg bei Scheel zum Essen.[A7:106]

[54] Es könnte auch „16." heißen.

[55] In einem Artikel vom 23. Juli 1943 wird die Ergänzungsstelle noch in der „Gylenstormstr.[!] 8" verortet.[Z51] Bereits am 22. Juni 1943 wurde indes das Umsiedlungslager in Salzburg-Parsch als Adresse in einem anderen Artikel angegeben.[Z2] Der Umzug dürfte im Juni erfolgt sein, als auch der Kraftfahrer der Ergänzungsstelle, Schweighofer, nach Prag versetzt wurde.[A20:1] Im „Nationalsozialistischen Jahrbuch" wird die Ergänzungsstelle erstmals im Band für 1944 erwähnt – mit der Adresse "Gyllenstormstraße 8".[B38:266] Selbst in einem für den internen Dienstgebrauch der SS bestimmten Anschriftenverzeichnis vom 1. November

Persönlichen Stabs Reichsführer SS einziehen, wofür einige
bauliche Veränderungen notwendig seien, denen Wolff zu
diesem Zeitpunkt zustimmte. Ebenso kamen Fitzner und
Wolff überein, dass ungeachtet der Änderung des Bedarfsträgers eine neue Inanspruchnahme unnötig sei.[A16:36][56]
Am 22. Juni führte Himmler ein Telefonat mit SS-Obergruppenführer Gottlob Berger (1896–1975), dem Leiter des SS-
Hauptamts, in dem es u.a. um das „Quartier Salzburg" ging.
[B61:326]

Und am 25. Juni fertigte Höhne vom Reichskommissar einen Aktenvermerk mit Wiedervorlage nach zwei Monaten
an, demzufolge Fitzner am Vortag bei ihm persönlich erschienen war und sich an den Reichskommissar mit der
Frage gewandt habe, ob die Villa von der SS gekauft werden
könne. Nachdem Höhne dies „eingehend" mit seinem Vorgesetzten, dem Senatspräsidenten Dr. Heinrich Klostermann (1882–1978), Leiter der Abteilung III für Grundstücks-
verwaltung beim Reichskommissar, besprochen hatte,

1944 steht noch diese Adresse („Gylenstormstr. 8" wurde sogar handschriftlich korrigiert) für die Ergänzungsstelle Alpenland.[A50:13] Die
letzte Erwähnung der Ergänzungsstelle im Umsiedlungslager Salzburg-
Parsch, die ich finden konnte, erfolgte am 23. September 1944.[Z3]

[56] In seiner dem Reichskommissar vorgelegten Abrechnung für 1943 for-
mulierte Wolff die am 5. Juni eingegangene Mietzahlung für Mai erstmals
als vom SS-Hauptamt kommend,[A16:65] während der Zahlungsgeber
vorher entweder nur als „SS"[A16:5] oder, einmal im Januar 1942
[A55a:2] und ab Januar 1943 als SS-Ergänzungsstelle[A16:65] spezifiziert
war. Ab der Zahlung für Oktober am 8. Oktober 1943 war es dann der „SS
Reichsführer", der die Miete zahlte.[A16:66] In den Abrechnungen für
1944 und für 1945 steht wieder lediglich „SS".[A55c; A55u]

erklärte er die Villa aus „grundsätzlichen Gründen" für nicht verkäuflich.[A16:34][57]

Gegen die noch als relativ gering erachteten baulichen Veränderungen („Ziehen von Trennwänden, Verbesserung der Badezimmer und der Küche") hatte Höhne keine Einwendungen, ebensowenig gegen die Aufstellung von Baracken im Garten, solange der Baumbestand geschont würde. [A16:34] Am 27. August 1943 schließlich wandte sich Höhne an Wolff mit den entsprechenden Informationen aus dem Aktenvermerk und den Fragen, ob sich die SS auch an ihn gewandt habe und wie er zu den vorgesehenen Veränderungen stände.[A16:35]

Am 3. September antwortete Wolff, verwies auf das Gespräch mit Fitzner am 18.(?) Juni und führte aus[58]:

In der Folge stellte sich dann heraus, dass der Besitz zur Unterbringung des Reichsführers SS selbst benötigt werde. Es wurden umfangreiche Bauführungen vorgenommen, von denen ich vorerst keine Kenntnis hatte, die aber eine Verbesserung des Besitzes bedeuten, so Färbeln und Streichen sämtlicher Decken, Wände, Türen und Fenster, Verstärkung und Auswechslung der Heizungs- und elektri-

---

[57] Wolff erklärte später, Himmler habe versucht, über Fitzner Druck auf ihn auszuüben, den Trappschen Besitz an die SS zu verkaufen, und „wiederholt" auch mit Enteignung drohen lassen.[A55v:1] Die Ablehnung des Reichskommissars nahm indes Wolff weitgehend aus der Schusslinie. Ein offenbar auf Wolffs Aussagen[A55y:2] basierender Artikel in den „Salzburger Nachrichten" vom 9. Juli 1945 behauptete, die Gestapo hätte mit der Enteignung gedroht.[Z12] Meines Erachtens übertrieb Wolff hier.

[58] Tippfehler sind hier stillschweigend korrigiert.

schen Anlagen, Verbesserung und Verschönerung der vor-
handenen Badezimmer, Einsetzen weiterer Wände und Ver-
setzen mehrerer Türen als besprochen, Auswechslung
schadhafter Dachsparren, Legung von Fussböden, Setzung
von Kaminen und Öfen usw.[59] *Ausserdem soll in den Besitz*
ein eigenes Geleise für den Sonderzug des Reichsführers SS
eingeleitet werden und zwar vom angrenzenden Bahnhof
Aigen.[60] *Augenblicklich wird der ganze Besitz unter mög-*

---

[59] Am 23. Februar 1944 schrieb Wolff an den Reichkommissar: „Im Jahre 1943 ist der von mir verwaltete Besitz von der SS zur Unterbringung des Herrn Reichsführer SS unter Aufwendung sehr beträchtlicher Mittel in tadellosen Zustand versetzt worden[...]."[A16:67] Georg, der von seinen Söhnen 1945 über den Zustand des Hauses informiert worden war (s.u.), schrieb am 23. Juni 1945 an Wolff: *At any rate it was a pleasant surprise to hear, that our house is not only still standing, but even more, has been profo[u]ndly and pompously restored. With my mind's eyes I already have seen all trees in the garden cut down, the house dilapidated into ruins or having been expropriated by the SS under the pretext of tax-debts.* [A55n:1] Offensichtlich auf der Basis der Informationen, die Georg von seinen Söhnen erhalten hatte, schrieb „The Cincinnati Enquirer" am 22. Juli 1945, dass der Wert der Villa sich durch Himmlers Maßnahmen verdreifacht hätte;[Z1] die „New York Sun" hatte offenbar bereits vier Tage früher von einem Renovierungswert in Höhe von ca. 150.000 Dollar berichtet.[B69:101f.] Beide m.E. übertriebene Angaben findet man in einem Artikel im August-1945-Heft von „Musical America".[B60]

[60] Darauf wurde dann verzichtet.[A16:151] Am 24. April 1944 teilte die Reichsbahndirektion Linz dem Kommandanten der Feldkommandostelle RFSS (offensichtlich ist „Bergwald" gemeint) mit, dass die Herstellung eines Hinterstell- bzw. Abstellgleises für den Sonderzug „Steiermark" im Bahnhof Aigen ca. 34.000 Reichsmark kosten würde, bat um Einzahlung dieses Betrags auf ein spezielles Vorschusskonto und verwies auf noch ausstehende Zahlungen in Höhe von ca. 8.300 Reichsmark für eine ähnliche Aktion im Bahnhof Puch-Oberalm.[A10:105] (Bezog

lichster Schonung der Baumbestände mit einer etwa 2.50 hohen Mauer aus Ziegelmauerwerk umfriedet und der vorhandene Zaun aus Drahtgeflecht entfernt.[61]

Im Garten sind für die Nachrichten-Abt. und Geschäftszimmer drei geschmackvolle Holzhäuschen errichtet, zwei weitere grössere Gebäude sollen auf der eingetauschten Bahnhofswiese noch errichtet werden,[62] *ausserdem ein Bunker für Luftschutzzwecke.*[A16:36][63]

---

man sich bei letzterem noch auf den Sonderbahnsteig für den Mussolini-Besuch im Januar 1941?[B52:1893]) Elisabeth Freytag von Loringhoven (1909–1995) – eine Nachbarin der Trapps, die in der „Villa Gyllenstorm" in der Aigner Str. 85 wohnte[B2:73; B20:52f.] – erwähnt eine Anfrage von Himmlers „Generalquartiermeister", ob man den Sonderzug auf eines der Nebengleise auf ihrem Grundstück schieben könne, wozu es dann aber nicht kam;[B31:78] Himmlers Sonderzug wurde jeweils zur nächsten Station abgeschoben.[A16:135]

[61] Die Schonung der Baumbestände war ja bereits vom Reichskommissar zur Auflage gemacht worden (s.o.). Die Einbuchtungen in der Mauer um das Trappsche Grundstück an den Stellen, an denen Bäume stehen bzw. standen, zeugen noch heute davon, dass die SS sich diese Auflage zu Herzen nahm.

[62] Zu diesem Grundstückstausch s.u.

[63] Der Bunker – 1999 unter der heutigen Ferdinand-Raimund-Straße wiederentdeckt[B50:97] – entsprach später nicht mehr den Anforderungen, weshalb auf Himmlers Anweisung hin ein Luftschutzstollen „im benachbarten Berggelände" errichtet wurde, der angeblich der gesamten Bevölkerung zu Gute kam.[A16:151] Hierbei dürfte es sich um den Luftschutz-Stollen bei Schloss Aigen handeln.[W5:7] Ob hier „BW 6" der Oberbauleitung Schloss Aigen gemeint war, dessen Kosten sich im Oktober 1944 auf über 408.000 Reichsmark beliefen,[A10:108] ist unklar.

Die Baukosten wurden, nach dem Krieg, mit 52.160 Schilling „amtlich festgestellt",[A55w:1] was zur Bauzeit 52.160
Reichsmark entsprochen hätte. Angesichts eines 1942
festgestellten „Einheitswerts" des Besitzes von 103.000
Reichsmark[A16:22] eine beträchtliche Aufwendung, die
möglicherweise jedoch nicht von der SS, sondern vom Gau,
also von staatlicher Seite getragen wurde (s.u.).[64]

Mit all diesen Verbesserungen hatten weder Wolff noch, in
der Folge, der Reichskommissar wirklich ein Problem. Anders verhielt es sich bei dem zu diesem Zeitpunkt noch in
der Planung befindlichen Abriss eines hölzernen Stallhauses im Garten (gegen Feuerschaden versichert für 2.000
Reichsmark[A16:23]) und des „massiv gebauten"[A16:152]
Waschhauses (mit Glashaus[A55v:1], versichert für 4.000
Reichsmark[A16:23]),[65] die durch Holzbaracken ersetzt

---

[64] Schauergeschichten ranken sich um diesen Umbau der Villa Trapp,
etwa dass Himmler die Mauer von Zwangsarbeitern errichten und sie
dann erschießen ließ,[W2] aber auch über die folgende Zeit, z.B. dass
Hitler, als er zu Besuch war, Soldaten erschießen ließ, weil einer ein russisches Volkslied summte.[B58:308] Sie stammen grundsätzlich nicht
aus erster Hand – Fux, als direkter Nachbar, erwähnt interessanterweise
nichts davon –, sind *per se* unglaubwürdig und wurden auch schon in „Im
Schatten der Mozartkugel" 2009 als Legenden angesehen,[B50:95] werden aber immer noch gerne wiederholt.[B5:56; Z9]

[65] Ein Luftbild vom 20. April 1945 (s. Abb. 4) zeigt südlich der Villa eine
rechteckige Fläche, vielleicht das Fundament des abgerissenen Waschhauses. Möglicherweise handelte es sich hierbei um das Hausmeisterhaus/Zuhaus Abfalter Nr. 35, das in den Plänen vom Herbst 1943 nicht
zu finden ist.[A16:50,56] Andererseits blieb es im Grundbuch eingetragen [A26:186; A28:314] und wird auch im Entwurf des Kaufvertrags von
1946/47 noch erwähnt.[A43:2] (Die Adresse „Gyllenstormstr. 10" kommt
zwar auch noch 1945 in einer Zeitungsannonce vor,[Z13] doch handelt es

werden sollten.[66] Dagegen verwahrte sich Wolff aus „rechtlichen und wirtschaftlichen Gründen" und verwies auf das Reichsleistungsgesetz, das nicht zur „Vernichtung der Substanz" berechtige, sowie seine Bestallungsurkunde als Verwalter, derzufolge größere Änderungen nur mit Genehmigung des Reichskommissars und des Oberlandesgerichts Innsbruck erfolgen dürften. Fitzner hingegen argumentierte, dass der Besitz nach dem „Kriegsleistungsgesetz" für militärische Zwecke in Anspruch genommen und Reichskommissar und Oberlandesgericht hier nicht zuständig seien, sondern lediglich die SS.[A16:36][67]

Aufgrund dieser Entwicklungen waren Wolff und Fitzner immerhin übereingekommen, nun doch bei der Stadt Salzburg eine Änderung des Bedarfsträgers zu beantragen.[A16:36] Mit Bescheid vom 28. August 1943 wies der Oberbürgermeister von Salzburg den Besitz dem Reichsführer SS nach dem Reichsleistungsgesetz zur Nutzung zu.[A16:41]

Am 9. September 1943 erneuerte Fitzner seine Argumentation und bemerkte: *So sehr ich es begrüßen würde, wenn*

---

sich hier vielleicht um einen Irrtum.) Richard Rannetsperger berichtet, dass ihm 1948 „im Nebengebäude der Villa" die ehemalige private Köchin Himmlers vorgestellt wurde.[B45:22]

[66] Es gab auch eine Garage, die über 5.000 Reichsmark versichert war. [A16:23] Nach dem Krieg wurde ein solcher Betrag jedoch für die Brandversicherung des Hausmeisterhäuschens deklariert.[A55k]

[67] Fitzner bekräftigte seine Auffassung in einem Schreiben an Wolff vom 25. August 1943, dass das „Quartierleistungsgesetz" der „Beschlagnahme" feindlichen Vermögens übergeordnet sei und „daher irgendwelche Zustimmungen für militärisch notwendige Einrichtungen von keinerlei Behörden oder 3. Stellen erforderlich sind."[A16:38]

Sie sich der Notwendigkeit des Abbruchs nicht verschlös-
sen, so wenig will ich einen Zweifel darüber lassen, daß der
Stall und die Waschküche abgebrochen werden, auch
wenn Sie und – was kaum angenommen werden kann – die
Dienststellen der Feindvermögensverwaltung ihre Zustim-
mung versagen sollten.[A16:39]

Wegen Verlegung eines Teils der Behörde sandte Höhne
erst am 12. Oktober eine Antwort an Wolff: die SS sei zum
Abbruch des Stalls und Waschhauses nicht berechtigt, wie
er Fitzner auch telefonisch mitgeteilt habe; er sei nur dann
einverstanden, wenn sich die SS schriftlich verpflichte,
nach Kriegsende die Gebäude wieder herzustellen.[A16:40]

Am 21. Oktober 1943 teilte Wolff dem Reichskommissar
mit, dass die Waschküche bereits abgerissen sei, das Stall-
gebäude würde in etwa zwei Wochen beseitigt;[A16:43] am
folgenden Tag informierte er Fitzner über das Schreiben des
Reichskommissars vom 12. Oktober.[A16:44] Fitzner antwortete Wolff dann am 28. Oktober, dass er Klostermann
telefonisch davon überzeugt habe, seine anfänglichen Einwände gegen einen Abriss fallen zu lassen, da dieser nicht
nur aus „Reichverteidigungsgründen", sondern auch wegen Baufälligkeit und Brandgefahr notwendig sei. (Wolff
selbst hatte Anfang 1943 die Waschküche als „dringend
herrichtungsbedürftig" bezeichnet.[A16:23]) Außerdem
würden die Verbesserungen den Wert der abbruchreifen
Gebäude bei weitem übersteigen.[A16:46] (Dies erscheint
korrekt.) „Eine Verpflichtung einzugehen, die abzubrechen-
den Gebäude wieder herzustellen, ist deswegen unmöglich,
weil eine solche Erklärung sich im Widerspruch zu

baupolizeilichen und feuerschutzpolizeilichen Massnahmen befinden würde."[A16:46]

* * *

Hatte sich die SS hier gegen Wolff und den Reichskommissar (und möglicherweise geltendes Recht) durchsetzen können, sollte sie in einer anderen Frage bei ihrem Versuch sich – mit Wolffs Unterstützung – rechtskonform zu verhalten an der Bürokratie scheitern.

Georgs Besitz war im südlichen Teil (Grundstücksnr. 697/1; hier befand sich u.a. der „Hendelstall"[A55w:1]) durch zwei andere Grundstücke eingeschränkt[A16:50]: nach Osten hin lagen der Besitz und die Villa von Anna Prinzessin Schwarzenberg (1897–1954);[68] nach Westen zu den Bahngleisen eine Wiese des Ehepaars Josef und Katharina Lettner (Grundstücksnr. 694/1),[69] die damals in der Reinholdgasse 8 wohnten.[B2:170] (S. Abb. 2) In seinem Schreiben an den Reichskommissar vom 3. September 1943 hatte Wolff auch berichtet, dass er auf Wunsch Fitzners und vorbehaltlich der Zustimmung des Reichskommissars und aller betroffenen Stellen einen Grundtausch „vorgenommen habe": die ca. 9.000 qm große Wiese der Lettners (Grundstücksnr. 694/1) werde gegen eine gleich große Wiese Trapps außerhalb des Parks und auf der anderen Seite der heutigen Traunstraße (Teil der Grundstücksnr. 562/1) sowie

---

[68] Villa Coudenhove I, heute Traunstraße 38.[B20:39]

[69] Es handelt sich hier um das Gebiet zwischen der heutigen Ferdinand-Raimund-Straße und den Bahngleisen.

„rund" 4.000 qm „minderwertigen" Walds etwa eine halbe Stunde von der Villa entfernt am Fuß des Gaisbergs (Grundstücksnr. 505/2) getauscht. Dies entspreche einem lang gehegten Wunsch Georgs nach Abrundung seines Grundstücks, der sich bisher jedoch nicht habe realisieren lassen.[A16:36] Höhne war zwar über einen Grundtausch nicht erbaut, da dieser nicht unbedingt der „Erhaltung und Sicherung des Besitzes dienen" würde, gab jedoch am 12. Oktober 1943 seine Zustimmung, da Wolff versichert hatte, dass Georg damit einverstanden wäre.[A16:40]

Nach den nötigen Vermessungen etc. konnte Wolff am 19. November 1943 den Tauschvertrag vom 6. November mit Genehmigungsstempel des Oberbürgermeisters von Salzburg vom 15. November nach §4 des Gesetzes über die Aufschließung von Wohnsiedlungsgebieten beim Reichskommissar vorlegen,[A16:55] in dem der Tausch als Wunsch des Bedarfsträgers bezeichnet wird.[A16:49] Statt als Wiesen sind die entsprechenden Grundstücke nunmehr jedoch als Ackerflächen bezeichnet;[A16:55] als Wert der Tauschflächen wurde jeweils 3.000 Reichsmark festgesetzt.[A16:58]

Der Reichskommissar erwartete jedoch vor der Genehmigung des Tauschvertrags, einschließlich der Einschaltung des Oberlandesgerichts Innsbruck, die Genehmigung weiterer Stellen, darunter der Devisenstelle.[A16:49][70] Am 23.

---

[70] Zu Beginn der Akte R 87/6940 finden sich einige unnummerierte Schriftsätze des Reichskommissars, die offenbar im Dezember 1943 verfasst, aber nicht abgeschickt wurden. Danach sollte der Tauschvertrag nach Bestätigung durch das Oberlandesgericht Innsbruck genehmigt

November teilte Wolff dem Reichskommissar mit, dass sich bei der Vermessung für die Teilung herausgestellt hatte, dass der Trappsche Tauschgrund etwas kleiner als der Lettnersche ausfiel,[71] so dass er den Lettners zusätzlich 900 Reichsmark angeboten und per Scheck bezahlt hatte, um den Vertrag nicht wieder ändern zu müssen.[A16:59] Die entsprechende Vereinbarung[A16:63] sowie die Genehmigung der Devisenstelle reichte Wolff am 3. Januar 1944 nach.[A16:61] Da der Quadratmeterpreis, der der „Tauschaufgabe" zu Grunde lag, deutlich höher war als der für den zu tauschenden Grund[72] und zudem Lettner von der SS das

---

werden, sofern keine darüber hinausgehenden Leistungen fließen würden.[A16]

[71] Offenbar musste man die Teilung des ursprünglichen Grundstücks 562/1 in 562/1 (9.000 qm statt geplant 9.227 qm) und 562/3 (3.227 qm statt geplant 3.000 qm) der Bauplanung der Stadt Salzburg anpassen.[A16:63] (S. Abb. 3) 562/2 hatte Georg 1932 verkauft.[A25:546]

[72] Laut Gutachten vom 24. Januar 1945 (s.u.) wurde Georgs Grundstück 562/1 als „mittelguter Ackerboden" mit 0,5 RM/qm bewertet, das Waldgrundstück 505/1 (jetzt 4.510 qm) mit 0,22 RM, der Tauschgrund der Lettners 694/1 (9.232 qm) als bester Ackerboden mit 0,6 RM/qm.[A16:133] (Der vereinbarte Wert im Tauschvertrag ergäbe lediglich 0,32 RM/qm für den Lettnerschen Grund.[A16:58]) Für die Ausgleichszahlung wurde jedoch, wie Wolff später auch explizit darlegte, für das „Übermass" des Lettnerschen Grunds von 232 qm ein „ortsüblich angemessene[r] Preis" von fast 4 RM/qm zu Grunde gelegt.[A16:59] (Dies entspricht einer Nachkriegsangabe, dass man für den Grund des Gemüsegartens 4 bis 5 RM/qm verlangen könne.[A55p]) Die Vereinbarung zur Tauschaufgabe legt nahe, dass es hier auch darum ging, den Tausch insgesamt zu retten.[A16:63] Insofern ist das Beharren des Reichskommissars auf Klärung dieser Angelegenheit im Sinne einer treuhänderischen Verwaltung durchaus verständlich (s. auch [A16:155]).

Abbruchmaterial des Stalls und der Waschküche erhalten sollte,[A16:39] forderte der Reichskommissar, jetzt in der Person der Regierungsrätin Janke,[73] zur Vermeidung einer „Übervorteilung" Trapps Höchstpreisfestsetzungen durch die zuständige Preisstelle für die Tauschobjekte.[A16:61, 155]

Die entsprechende Anfrage stellte Wolff am 4. April 1944. [A16:71] Am 16. Mai 1944 wandte sich Fitzner an den Reichskommissar und bat um „beschleunigte Erledigung" der Genehmigung des Grundstücktauschs, der auch „im Interesse der jetzigen Nutzung des Grundstücks von grossem Interesse" sei.[A16:77] In der Antwort vom 30. Mai verwies der Reichskommissar auf die nun hoffentlich bald eintreffende Antwort der Preisprüfungsstelle.[A16:78] Ähnlichen Inhalts sind Schreiben des Reichskommissars an das Oberlandesgericht Innsbruck[74] vom 13. Juli[A16:80] und an den Persönlichen Stab des Reichsführers SS vom 19. Juli 1944.[A16:82]

Mit Schreiben vom 24. Juli 1944 erklärte Wolff auf entsprechende Anfrage des Reichskommissars, dass die Höchstpreisfestsetzungen „trotz Betreibens vom Oberbürger-

---

[73] Sie war seit November 1942 für das Objekt zuständig[A16:141] und schrieb nach dem Krieg (31. Juli 1946) einen 34-seitigen „Bericht über die Verwaltung des Vermögens des Georg Ritter von Trapp, Merion/USA [...]" für das „Zentralamt für Vermögensverwaltung (britische Zone)", [A16:142-160] den „Abwickler" des Reichskommissars für die Behandlung feindlichen Vermögens.[B29:161]

[74] Die juristische Zuständigkeit für solche Angelegenheiten wechselte dann mit Wirkung vom 15. Oktober 1944 von den Oberlandesgerichten zum Reichsminister der Justiz.[R7:235; A16:156]

meister Salzburg noch nicht eingegangen sind" und er sich erneut darum bemühen werde.[A16:83] Als Fitzner sich mit der Preisbehörde in Salzburg in Verbindung setzte, erhielt er die Mitteilung, „dass dort von einem Antrag auf gutachtliche Äusserung zu dem Tauschvertrag Trapp/Lettner nichts bekannt ist", was er dem Reichskommissar am 19. September 1944 übermittelte.[A16:100] Wie Frau Janke am 28. September vermerkte, war Wolff zur Zeit nicht erreichbar, Klostermann hatte am gleichen Tag erklärt, auf die Höchstpreisfestsetzungen sei nicht zu verzichten.[A16:100] Laut einem weiteren Vermerk vom 6. Oktober hatte Frau Janke am Vortag Wolff endlich erreichen können, die Preisfestsetzungen lägen vor.[A16:100]

Unter dem 5. Oktober teilte Wolff dem Reichskommissar schriftlich mit, dass der Oberbürgermeister die „Tauschaufgabe" von 900 Reichsmark als angemessen erklärt habe, an der die Preisfestsetzung bisher gescheitert war. [A16:101] Diese Informationen gab der Reichskommissar am 11. Oktober an den Persönlichen Stab Reichsführer SS weiter.[A16:103] Am folgenden Tag sandte Wolff ein Schreiben an die gleiche Stelle, in dem er bestätigte, dass er den Antrag am 4. April 1944 bei der Preisprüfungsstelle des Reichsstatthalters in Salzburg abgegeben und diese ihn an den zuständigen Oberbürgermeister von Salzburg abgetreten hatte. Die Verzögerung sei entstanden, weil man dort als Ausgleich für die 232 qm Überschuss des Lettnerschen Tauschgrunds lediglich 1 RM/qm ansetzte, während Wolff 4 RM/qm gezahlt hatte.[A16:104]

Nach erneuter Anfrage durch den Reichskommissar musste Wolff am 6. November 1944 diesem mitteilen, dass der zuständige Sachbearbeiter beim Oberbürgermeister zwar den Bescheid bereits verfasst habe, mangels Schreibkraft aber keine versandfähige Reinschrift angefertigt werden könne.[A16:109] Doch damit nicht genug: am 14. November schrieb Wolff an den Reichskommissar, dass er gerade von dem zuständigen Sachbearbeiter erfahren habe, dass der Schätzer die von Trapp abgegebene Waldfläche übersehen habe und daher sein Gutachten ergänzen müsse.[A16:112] Janke erfuhr dies aus erster Hand bei ihrem Dienstbesuch in Salzburg vom 12. bis 14. Dezember 1944.[A16:135] Immerhin konnte Wolff am 2. Januar 1945 mitteilen, dass das Gutachten und der Bescheid noch „diese Woche" herausgegeben würden.[A16:125] Endgültig zur Posse wurde es jedoch, als Wolff, wie er am 24. Januar 1945 dem Reichskommissar schrieb, erfuhr, dass das Amt des Oberbürgermeisters übersehen hatte, eine Äusserung der Kreisbauernschaft einzuholen – diese sei jedoch notwendig, da es sich um landwirtschaftliche Grundstücke handele.[A16:131] Ausnahmsweise ging es schnell, so dass Wolff das Schätzungsgutachten vom 24. Januar am 26. Januar übersenden konnte.[A16:132] Für die Tauschgrundstücke wurde jetzt ein Wert von jeweils 5.500 Reichsmark festgelegt.[A16:133][75]

In einem Schreiben vom 12. März 1945 an Wolff monierte Janke jedoch, dass in dem Gutachten vom 24. Januar die „Tauschaufgabe" nicht berücksichtigt sei und knüpfte noch einige Bedingungen an die Genehmigung des Tauschs.

---

[75] Die Seriosität dieses Gutachtens wage ich anzuzweifeln.

[A16:139][76] Der Tausch war jedenfalls bis Kriegsende nicht durchgeführt; die SS hatte offenbar bereits einige Zeit vorher das Interesse an einer rechtlichen Klärung verloren, während sie den einzutauschenden Grund ohnehin nutzte: dort und auf dem Grund des ehemaligen „Hendelstalls" (ca. 5.000 qm[A55w:1]), beide außerhalb der Mauer, befanden sich eine Trafo-Station mit Dieselgenerator, ein kleiner Hühnerhof, einige Baracken und ein großer Gemüsegarten.[A55o:4] (S. Abb. 5)

Ohne die deutsche Bürokratie ging es dann viel rascher: auf der Basis eines neuen Tauschvertrags vom 24. August 1945 (der alte war vom Reichskommissar nicht mehr zurückgekehrt),[A59a] von der amerikanischen Militärregierung am 13. September genehmigt,[A59b] wurde am 27. September 1945 der Tausch im Grundbuch eingetragen.[A26:186] Allerdings war jetzt laut Tauschvertrag neben dem Wald das kleinere Teilgrundstück 562/3 auf Seiten Georgs Teil des Tausches, nicht mehr 562/1 (nach der Teilung) wie im Vertrag vom 6. November 1943,[A16:55] was sowohl durch den Hinweis auf die rote Markierung im Situations-Plan vom 4. September 1943 ([A16:56]; s. Abb. 3) bestätigt wird, [A59a:2] als auch durch den Vermerk, dass der Einheitswert der zu tauschenden Grundstücke Georgs nur mehr 948

---

[76] Zu diesem Zeitpunkt hatte wohl auch Frau Janke den Überblick verloren, denn sie forderte eine Verlängerung der am 30. Juni 1944 abgelaufenen Devisengenehmigung für die Tauschaufgabe, obwohl die Zahlung längst erfolgt und von Wolff in der Jahresabrechnung 1943 als Ausgabe aufgeführt worden war.[A16:89]

Mark und 58 Pfennige betrage, während der des Lettner-schen Grunds sich auf 2.216 Mark beliefe.[A59a:3][77]

Dagegen wäre an sich nichts einzuwenden, denn auch das Grundbuch besagt, dass 562/3 bei Georg abgeschrieben und den Lettners zugeschrieben wurde.[A26:186] Nur wur-den, laut dem gleichen Grundbuch, auf dem (Rest-)Grund-stück 562/1, das dann 1952/53 an die Sanguinisten gegan-gen war (s.u.), Mitte der 1970er Jahre die Häuser Traun-straße 49, 51 und 53 gebaut,[A26:Anhang 15] die sich je-doch dem Augenschein nach auf dem im Situations-Plan von 1943 als 562/3 markierten Grund befinden.[A16:56] Hinzu kommt, dass im Teilungs-Ausweis von 1943, wie er in den Akten des Reichskommissars vorliegt, der größere, an Lettner gehende Grundstücksteil erst nachträglich, aber of-fensichtlich sehr zeitnah, als 562/1 deklariert worden war, so wie offenbar 562/3 zuerst als 562/1 eingetragen war.[A16:57] Georg blieb 1945 zwar im Besitz von 562/1,[A26:186] mit dem indes m.E. der kleinere Teil ge-meint war, was auch durch die Digitale Katastralmappe des Salzburger Geographischen Informationssystems (SAGIS) bestätigt wird.[W13]

* * *

Aber gehen wir in der Zeit zurück: zum 1. März 1944. Himm-lers Tischkalenderblatt für diesen Tag trägt die Überschrift

---

[77] Die Tauschgabe von 900 Reichsmark war im neuen Vertrag ebenfalls erwähnt.[A59a:2]

„Salzburg", davor wurde „Zug an" eingetragen.[78] Für die Zeit von 12 Uhr bis 13 Uhr findet man den Eintrag „Haus Bergwald", danach „gearbeitet" und „Essen". Die Zeit von 15 Uhr bis 18 Uhr ist durch eine geschweifte Klammer mit dem Eintrag „nach Berchtesgaden" verbunden, der jedoch, wie die Klammer, durchgestrichen ist. Dafür steht darunter „Bergwald".[A8:57] Das Blatt für den Folgetag ist mit „Bergwald" überschrieben.[A8:58] Der Dienstkalender gibt u.a. folgende Termine für den 1. März 1944 an: „10,30 Uhr Ankunft Bergwald [...] 12,30 Uhr Besichtigung Bergwald 13,45 Uhr Essen 15,00 Uhr Fahrt nach Berchtesgaden 17,30 Uhr Rückkehr [...]."[61:643; A45:362][79] Auch wenn offen bleibt, ob an diesem Tag wirklich eine Fahrt nach Berchtesgaden stattfand: die Villa Trapp war spätestens seit diesem 1. März 1944 Himmlers Feldkommandostelle Bergwald. [80] (Wie bereits im Fall „Hegewald" gesehen, war eine Über-

---

[78] Laut Dienstkalendereintrag vom 29. Februar 1944 war Himmler um 20 Uhr vom Anhalter Bahnhof in Berlin nach „Bergwald" abgefahren.[A45:363]

[79] Den Abend verbrachte Himmler in Schloss Kleßheim bei einem Empfang des kroatischen Ministerpräsidenten Ante Pavelić (1889–1959) und seines Außenministers Stijepo Perić (1896–1954) durch Reichsaußenminister Joachim von Ribbentrop (1893–1946).[B61:643] Ähnliche Empfänge in Schloss Kleßheim fanden z.B. am 15.[B61:656] und am 24. März 1944[B61:666] statt.

[80] Ich konnte leider nicht herausfinden, ob und inwieweit die Feldkommandostelle bereits vorher ihren Betrieb aufgenommen hatte. Anzunehmen ist jedoch, dass nicht nur die physische, sondern auch die personelle „Infrastruktur" bereits vor dem 1. März 1944 wenigstens in Grundzügen aufgebaut worden war.

nahme eines Decknamens für ein neues Objekt nicht ohne Präzedens.)

Dass „Bergwald" nicht den Sonderzug bezeichnete, zeigen Einträge des folgenden Tages: nach einem Besuch auf dem Berghof verzeichnet der Dienstkalender um „18:00 Uhr Rückkehr nach Bergwald [...] 19:00 Uhr Fahrt zum Zug ‚Steiermark' [/] 19:45 Uhr Rückkehr nach Bergwald".[B61:644]

In der Villa Trapp hielt sich Himmler vorerst, aber nicht notwendigerweise den ganzen oder auch nur einen Großteil des Tages, vom 1. bis 8. und vom 10. bis 29. März, 31. März bis 4. April, 7. bis 9. April, 16. April bis 5. Mai, 7. bis 16. Mai, 21. bis 24. Mai, 26. Mai bis 11. Juni, 14. Juni bis 2. Juli sowie vom 6. bis 13. Juli 1944 auf.[A8; A45; B61][81]

Besonderer Berücksichtigung bedürfen folgende Tage: 7. März 1944 – hier verzeichnen Originaldienstkalender und Edition jeweils als letzten Eintrag eine „Rückfahrt nach Hochwald",[A45:356; B61:649] wobei es sich jedoch offensichtlich um „Bergwald" handelt, wie auch aus den Einträgen im Tischkalender für diesen und den folgenden Tag hervorgeht.[A8:63f.][82] Am 9. März verließ Himmler um 2 Uhr

---

[81] Für viele der aufgeführten Tage findet man eine explizite Erwähnung von „Bergwald" mindestens in [A8] oder [A45] – die editorischen Ortsangaben in der Edition[B61] stammen wieder nicht unbedingt aus den Quellen –, außer für den 1., 4., 8., 9., 11., 15., 16., 20., 23., 24., 26., 27. und 29. Juni sowie den 2., 8., 11. und 13. Juli 1944 (ab dem 1. Juni 1944 liegt der Tischkalender nicht mehr vor); allerdings kann für alle diese Tage eine wenigstens zeitweise, öfters sogar eine ganztägige Anwesenheit in „Bergwald" aus dem Zusammenhang angenommen werden.

[82] Die Ortsangabe „Feldkommandostelle Hochwald" in der Edition für den 8. März 1944 ist daher ebenfalls falsch.[B61:649]

morgens mit dem Zug „Bergwald",[A8:64; A45:355] weshalb dieser Tag oben nicht aufgeführt wurde. Am 7. April
verzeichnet Himmler in seinem Tischkalender fälschlich
eine „Abfahrt nach Hochwald".[A8:94] Am 9. Juli 1944 gibt
der maschinengeschriebene Originaldienstkalender zu Beginn „7,45 Uhr Abfahrt ~~Hochwald~~ [handschriftlich ersetzt
durch] Bergwald"[A45:433] an, während die Edition die Kor-
rektur unterschlägt.[B61:796] Tatsächlich flog Himmler um
8:10 Uhr in Salzburg ab, war mittags bei Hitler in der „Wolfsschanze", fuhr dann nach „Hochwald", spielte nachts Dop-
pelkopf im „Hegewaldheim"[83] und flog am nächsten Nach-
mittag vom Flugplatz Lötzen wieder nach Salzburg, um gegen 19:00 Uhr in „Bergwald" einzutreffen.[B61:796f.] Am 13.
Juli verzeichnet der Dienstkalender eine Fahrt „auf den
Berg", d.h. den Obersalzberg, um 21:15 Uhr, eine Rede Hitlers, die „Rückfahrt" um 00:30 Uhr, „01:00 Aigen [/] 02:15
Abfahrt mit Zug von Aigen".[B61:799f.] Am 14. Juli 1944 beginnt der Dienstkalender mit „Fahrt mit Zug von Bergwald
nach Hochwald".[B61:800] Am gleichen Tag hatte auch Hitler den Berghof verlassen, ohne ihn je wieder zu

---

[83] In der holländischen Ausgabe seiner Erinnerungen erklärt Kersten,
„Hegewaldheim" sei ein Gutshof bzw. „eine Art Villa" 19 Kilometer von
Großgarten entfernt gewesen, in der Himmler gewohnt habe.[B24:46]
Dies erscheint falsch, da dieser Gutshof von Himmler erst ab dem 16.
September 1941 genutzt wurde,[A13:47] „Hegewaldheim" jedoch be-
reits am 2. Juli 1941 erwähnt wird. Glaubwürdiger ist, dass sich die Feld-
kommandostelle im „ehemalige[n] Erholungsheim mit Jugendherberge
,Hegewald'" (s. auch [A13:49]) befand, während Himmler sich ab Sep-
tember 1941 im „nahegelegenen ehemaligen Gutshaus[...] ‚Friedrichsruh' in Gansenstein bei Kruglanken" aufhielt.[B39:50]

besuchen;[W11] Himmler dagegen sollte wieder nach Aigen zurückkehren (s.u.).

Zur Einrichtung der Villa kann man sagen, dass sich nach
Mitteilung von Christian Strasser Himmlers Arbeitszimmer
in der Mansarde mit Blick auf den Untersberg befand.[A38]
Dass für Hitler ein Zimmer in „Bergwald" bereit stand –
noch dazu das von Franz Wasner –, wie es Maria von Trapp
von ihren Söhnen gehört haben will,[B58:308] während es
1945 noch das Schlafzimmer Georgs und Marias gewesen
sein soll,[B60] ist nicht nur nicht belegt, sondern auch unglaubwürdig, da es keinen Grund für Hitler gab, Himmler in
seiner Feldkommandostelle zu „besuchen".

Zuständig für „Bergwald" war mutmaßlich SS-Obersturmbannführer Josef Tiefenbacher (1901–fl. 1953), wie für alle
Quartiere Himmlers einschließlich der Sonderzüge.
[A10:105, A51:3] Als Frau Janke vom Reichskommissar und
Wolff am 13. Dezember 1944 die Villa aufsuchten, hätte
ihnen der gerade nicht anwesende Fitzner die Genehmigung zur Besichtigung geben müssen,[A16:135] wobei jedoch unklar bleibt, wie weit darüber hinaus seine Zustän-
digkeiten reichten.[84] Weiteres höherrangiges Personal re-
krutierte sich offensichtlich aus dem Persönlichen Stab
Himmlers,[B65:188] das ihn jedoch zu den jeweiligen an-

---

[84] Fitzner war allerdings 1944/45 auch in den Bau des „Ausweichlagers
Prenzlau" („Birkenwald", s.u.) involviert, s. z.B. [A12:189, 204]. Janke erwähnt in diesem Zusammenhang auch, mit Fragezeichen, einen
„Scheidler".[A16:135] Dabei handelte es sich um SS-Obersturmbannführer Arthur Scheidler (1911–1957), der jedoch als Adjutant des SS-
Obergruppenführers Dr. Ernst Kaltenbrunner (1903–1946) kaum die Ver-
antwortung für die Feldkommandostelle innegehabt haben dürfte.[A19]

deren Feldkommandostellen begleitet haben dürfte. Seit dem 25. September 1943 war zudem der Kommandostab RF-SS offiziell direkt Himmler unterstellt und der Feldkommandostelle „angegliedert";[B7:251] allerdings war dieser Kommandostab ab September 1944 in der Kaserne Glasenbach in Elsbethen untergebracht.[A54:7][85]

Zur Finanzierung „Bergwalds" scheinen keine Informationen vorzuliegen. Eine Betriebsmittelübersicht des Persönlichen Stabs RFSS für August 1944 zeigt, dass Spenden des „Freundeskreis Himmler" für die Unterhaltskosten einer Feldkommandostelle, offenbar „Hochwald", verwendet wurden; eine Rechnung über 32.185,75 Reichsmark für Getränke konnte in jenem August mangels Kontodeckung nicht beglichen werden.[B63:119] Im gleichen Dokument findet man auch zwei Mal den Eintrag „Hotel Schiffmeister – Vorschuß f. d. Feldkommandostelle RFSS" über zusammen mehr als 15.500 Reichsmark.[B63:155] SS-Obersturmbannführer und Stabsführer des Persönliches Stabs RFSS[A12:79] Paul Baumert (1904–1961) wurde nach dem Krieg zu diesem Dokument befragt und erklärte: „Das Hotel war gemietet. Da war der Stab drinnen."[A52:3] Tatsächlich stellte das Hotel in Schönau am Königssee eine Art Dépendance bzw. Gästehaus der Feldkommandostelle „Berg-

---

[85] Den Briten war kurz vor Kriegsende bewusst, dass sich ein Teil von Himmlers Stab in Glasenbach aufhielt,[A22:1] möglicherweise hielten sie daher die Kaserne für eine Feldkommandostelle.[B17:735]

wald" dar, in dem u.a. Kersten untergebracht war, wenn er Himmler in „Bergwald" behandelte.[B22:54f.; B23:64][86]

Was Himmlers Aktivitäten in seiner Zeit in der Villa Trapp angeht, gibt die Edition des Dienstkalenders[B61:643-801] sowohl im Detail als auch im Überblick besseren Aufschluss, als er hier geboten werden könnte. Drei Aspekte sollen indes angesprochen werden:

a) die Villa Trapp diente Himmler als Feldkommandostelle, also als Arbeitsplatz, nicht als „Sommersitz"[Z56]. [87] Er empfing hier keine Staatsgäste, sofern das Protokoll solche Empfänge durch ihn überhaupt erlaubt hätte, sondern vornehmlich SS-Männer und Personen aus ihrem Umfeld, darunter am 4. März und am 18. Juni 1944 SS-Oberführer (offenbar ohne entsprechende SS-Mitgliedschaft)[A46:27] Dr. Ferdinand Porsche (1875–1951) und dessen Sohn SS-Untersturmführer[B44:307] Ferdinand „Ferry" Porsche (1909–1998) wegen der V1,[B61:646, 767][88] sowie am 8. Mai 1944 den „Großmufti von Jerusalem", Mohammed Amin al-

---

[86] Kurz vor Kriegsende quartierte sich dort Generalfeldmarschall Albert Kesselring (1885–1960) mit seinem Stab ein.[B54:220]

[87] Die Behauptung von Herbert Fux, ein junger „Gestapo-Spitzel" (später ZDF-Showmaster) hätte den Auftrag gehabt, „Villen in der Umgebung des Himmler-Wohnsitzes für SS-Offiziere frei zu bekommen",[B14:30] muss, was den „Auftrag" angeht, angesichts des späten und nicht allzu lange dauernden Aufenthalts Himmlers in der Villa Trapp angezweifelt werden. Zu der entsprechenden Person s. z.B. [Z52].

[88] Ich erwähne die Porsches hier auch aufgrund einer Aussage Christian Strassers: „Ich denke, es ist nicht zu weit gegriffen, den Namen Porsche in der Strahlkraft mit Mozart und Trapp als den erfolgreichsten Exportgütern Salzburgs gleichzusetzen."[Z20]

Husseini (189?–1974), der für die SS arbeitete.[B61:718] Sonst gehörten die meisten Besucher den höheren Rängen von Wehrmacht (z.B. [B61:705]) oder NSDAP (z.B. [B61:765]) an.

Unter den Besuchern, die keiner der vorgenannten Gruppen zuzurechnen sind, befand sich am 18. März 1944 der „Iraner Wasiri",[B61:660] Mohammad Hussein Hissam Vaziri, der ein wichtiges Mitglied eines deutschen Spionagerings im Iran gewesen war, sich zu dieser Zeit wohl in Wien aufhielt – und als Doppelagent für die Sowjetunion arbeitete. [B42:111, 247][89]

Ein weiterer, häufigerer Besucher war Himmlers Physiotherapeut Felix Kersten, z.B. am 10. März[B61:652] oder am 20. Juni 1944 [90] [B61:769]. Kersten, der seine „Tagebuchaufzeichnungen" in fünf durchaus verschiedenen Versionen in vier Sprachen veröffentlichte,[B22; B23; B24; B25; B26] erwähnt kein einziges Mal eine „Villa Trapp". Dagegen behauptet er in den beiden frühesten Ausgaben, Himmlers Hauptquartier habe sich in „Schloss Aigen" befunden. [B22:55; B23:64][91] In der deutschen und der späteren eng-

---

[89] Die britischen Nachrichtendienste wussten offenbar ebenfalls, dass Himmler sich – zeitweise – in der Villa Trapp aufhielt.[B47:80] Und auch dem amerikanischen Office of Strategic Services war der Standort der Feldkommandostelle spätestens im Januar 1945 bekannt.[B43:435]

[90] Für diesen Tag schreibt Kersten allerdings von „Hochwald".[B25:239]

[91] Während die erste englische Ausgabe offenbar nicht von Kersten korrigiert wurde bzw. werden konnte, soll es sich bei der schwedischen Ausgabe um eine von ihm korrigierte Übersetzung der ersten englischen gehandelt haben.[B8:119] In beiden Ausgaben wird „Schloss Aigen" mehrfach in einem Kapitel mit dem Titel „1942-1943: Ribbentrop–and the

lischen Ausgabe wird Salzburg im Zusammenhang mit dem 4. Mai 1943 genannt,[B25:223; B26:176] [92] nur war, laut Dienstkalender, Himmler an diesem Tag in Klagenfurt, Marburg/Maribor und auf Schloss Mokritz.[B61:261f.] (Am 2. Mai hatte er Reichenhall verlassen.[B61:259])[93] Der Begriff „Bergwald" kommt, so weit ich feststellen konnte, nur in einem abgedruckten Schreiben Kerstens an Himmler vom 26. März 1944 vor.[B24:148] Wie bei Berchtesgaden trifft hier Louis de Jongs Urteil zu, dass Kersten sich „[f]ür die Geschichtswissenschaft" als ein „völlig unzuverlässiger Zeuge" herausstellt.[B8:142] (Was seine Verdienste um die Rettung zahlreicher Menschen nicht schmälern soll.[94])

Swedish Match Trust Case" bzw. „1942-1943 Ribbentrop och Svenska Tändsticksaktiebolaget" genannt,[B22:136, 142, 146; B23: 148, 155, 159] also mit Jahren in Verbindung gebracht, in denen sich Himmler nicht in Aigen aufhielt.

[92] Kersten referiert unter diesem Datum Himmlers Vorstellungen zur Ehe. In der ersten englischen und der schwedischen Ausgabe behandelt Kersten dieses Thema unter dem 3. Mai 1943,[B22:180; B23:190] jedoch ohne Angabe eines Ortes.

[93] Salzburg wird in der deutschen und späteren englischen Ausgabe auch für den 28. und 29. Oktober 1941 als Aufenthaltsort angegeben, nach einer Jagd in Schönhof.[B25:144; B26:115] Tatsächlich fand am 27. und 28. Oktober 1941 eine Jagd in Schönhof anläßlich des Besuchs des italienischen Außenministers Galeazzo Conte Ciano di Cortellazzo (1903–1944) statt, danach ging es aber am 29. Oktober nach Prag, weiter nach Rastenburg und zu Hitlers Hauptquartier und gegen Mitternacht nach „Friedrichsruh".[B16:247]

[94] Zu Kersten siehe die inzwischen in mehrere Sprachen, aber nicht ins Deutsche übersetzte Studie von François Kersaudy. Auch er hält „Schloss Aigen" für „Bergwald".[B21:198]

Ein dritter Besucher, der Astrologe Wilhelm Wulff (1893-1984), hinterließ einen Bericht seines Besuchs „Ende Mai 1944"[B67:161]: *Die Fahrt nach „Bergwald", wie der Deckname für Himmlers Quartier lautete, im Kurierwagen eines Sonderzugs, verlief ohne Zwischenfall. Mit fünfstündiger Verspätung erreichte ich am nächsten Mittag das Ziel. Dieses wurde mir erst im Laufe der Fahrt von dem Chef des SS-Kurierwagens bekanntgegeben. Die Salzburger Gegend war stark vernebelt worden, weil vorher ein Fliegerangriff auf Regensburg und Salzburg stattgefunden hatte. In Aigen befindet sich ein im Spätbarockstil erbautes Schloß. Dieses Schloß wurde ein Schlupfwinkel für Heinrich Himmler. Er ließ seinen Wohnsitz tarnen und den „Bergwald" nennen. Dieses Schloß mit seinem märchenhaft schönen alten Park gehörte ehemals dem Fürsten Schwarzenberg. Es liegt am Fuße des Gaisbergs mit herrlichem Blick auf die Salzburger Alpen und den Untersberg, nahe Salzburg. Schwierig ist es, dorthin zu gelangen. Man muß einige schmale und sehr winklige Straßen durchfahren. Schließlich überquert dann irgendwo außerhalb von Salzburg, an unübersichtlicher Stelle, eine Eisenbahnlinie die ungewöhnlich enge Chaussee. Es ging kreuz und quer, bergauf, bergab in gefährlichen Kurven nach Schloss Aigen.*[B67:141] (Es folgt eine lange Beschreibung des Mittagessens und der anschließenden Besprechung mit Himmler.)

Was sagt Himmlers Tischkalender? Am 30. Mai 1944 verzeichnet er unter der Überschrift „Bergwald": 10:00 Uhr aufgestanden [/] Vernebelung [/] 11:00 bis 14:00 gearbeitet [/] 14:00 Uhr Essen [/] 16:00 – 18:00 Uhr Herr Wulff [/] 18:00 Uhr bis 20:00 Uhr gearbeitet [...]."[A8:147] Der Dienstkalender ergänzt noch, dass das Essen ab 14:00 Uhr „mit Herrn

Wulff" stattgefunden hatte.[B61:746][95] In diesen Punkten
stimmen Wulffs Angaben also einigermaßen; nur warum
(auch) er „Bergwald" mit Schloss Aigen gleichsetzte (s.
auch [B67:161]), ist unverständlich, denn letzteres war immer noch vom Deutschen Roten Kreuz belegt.[W10:321]

b) Marias jüngster Sohn, Johannes von Trapp, konstatierte
2008 in einem Interview bezüglich der Villa Trapp: „Wenn
man bedenkt, dass hier höchstwahrscheinlich der Holocaust geplant wurde."[Z55] Zum Teil dürfte dieser Irrtum,
mit dem er keineswegs allein steht, auf der falschen Annahme beruhen, Himmler hätte bereits seit 1940 „immer" dann die Villa bewohnt, „wenn Hitler auf dem Obersalzberg weilte"[B49:108] – die Feldkommandostelle sei im
März 1943 dorthin verlegt und die Villa damit „aufgewer-
tet" worden.[B50:95] Tatsächlich war der Holocaust bereits
zum Großteil abgeschlossen, als Himmler am 1. März 1944
die Villa Trapp bezog. Allerdings fällt in diese Zeit die Deportation und Ermordung der ungarischen Juden.[96] Dazu
schreiben die Herausgeber der Edition des Dienstkalenders: *Himmler spielte bei alledem eine Doppelrolle. Einer-
seits trieb er Eichmanns Kommando zur beschleunigten
Deportation an und beteiligte sich an der Enteignung jüdi-*

---

[95] Dabei handelt es sich um den einzigen Eintrag zu Wulff im Dienstkalender. Im Zusammenhang mit Himmler und der Villa Trapp wird auch sein
„Berater" Karl-Maria Wiligut (1866–1946) erwähnt,[B49:108] der im
Dienstkalender von 1943 bis 1945 überhaupt nicht vorkommt, in dem
von 1941/42 ein Mal am 28. November 1941 in Berlin,[D10:270] und der
vermutlich nie in der Villa war.

[96] Dies hätte ich in meinen „Notes on the Trapp Family in Austria" erwäh-
nen sollen.[B30:221]

scher Großunternehmen. Andererseits ließ er sich ange-
sichts der prekären Kriegslage erstmals auf Verhandlungen
über jüdische Menschenleben ein. Das Angebot, eine Mil-
lion Juden gegen 10 000 Lastkraftwagen zu „tauschen",
blieb vage, die Verhandlungen jüdischer Organisationen mit
Eichmann und Himmlers Bevollmächtigtem in Ungarn, SS-
Obersturmbannführer Kurt Becher, kamen nie richtig in
Gang.[B61:677f.]

Es dürfte wenig, vielleicht sogar nichts bedeuten, dass SS-Obersturmbannführer Adolf Eichmann (1906–1962) offenbar nie in „Bergwald" in Aigen war, Becher (1909–1995) dagegen öfters, z.B. am 22. April[B61:696] und am 13. Mai 1944[B61: 724f.]. Außerdem ist zu beobachten, dass für Himmler zu dieser Zeit tatsächlich der „kriegswirtschaftliche Nutzen" von Juden als Zwangsarbeiter oder als „Tauschware" eine größere Rolle spielte als noch kurz zuvor (s. auch [B13:60, 69f.]).

c) Wulff behauptet in seinen Memoiren: „Auf Schloß Aigen wurden seine eigenen [d.h., Himmlers] Putschabsichten besprochen und astrologisch durchgearbeitet."[B67:168] Für einen späteren Zeitpunkt widerspricht Wulff jedoch recht deutlich der These, Himmler habe „eigene" solche Absichten gehabt.[B67:195f.] Auch wenn Himmler zu dieser Zeit durchaus mit der Idee, möglichst ohne sein Zutun Hitlers Nachfolger zu werden, geliebäugelt haben mag, [B70:175f., 246f.] dürfte hier nicht nur die Ortsangabe unzuverlässig sein.[97]

---

[97] In diesem Zusammenhang ist auch erwähnenswert, dass Himmler, nachdem er sich von Hitler durch sein eigenmächtiges Angebot einer

Wie bereits erwähnt, nutzte Himmler „Bergwald" nach einer Unterbrechung wieder. Anfangs handelte es sich indes
lediglich um Stippvisiten, meist offenbar auf dem Weg zu
oder von seiner Geliebten Hedwig Potthast (1912–1994),
die er in Schönau untergebracht hatte: am 1.,[B61:902]
4.,[B61:903] möglicherweise am 27. („Salzburg")[B61:926]
und am 30. Oktober[B61:928], sowie vielleicht am 1. November 1944 („Salzburg")[B61:928]. Auch die Aufenthalte
in „Bergwald" vom 17. bis 22. und vom 24. bis 26. November 1944 waren mit Ausnahme des 17., 21., und 22. nachmittags oder abends durch den jeweils letzten Dienstkalendereintrag „Reichsführer-SS verlässt Feldkommandostelle" gekennzeichnet; am 23. November war er ganztags
„unterwegs", vermutlich bei Potthast.[B61:942-948] Am 26.
November hatte Himmler um 16:30 „Bergwald" verlassen;[A44:277] für den 27. November fehlt eine Ortsangabe,
allerdings hatte Himmler nachmittags Termine mit einem
SS-Mann und zwei hochrangigen Militärs, so dass man mutmaßen kann, dass er sich wieder in „Bergwald" aufhielt, bevor er um 18 Uhr mit dem Sonderzug nach Forbach-Gausbach aufbrach.[A44:275] Danach gibt es in den bis 14. März
1945 reichenden Dienstkalendereinträgen keinen Hinweis
mehr auf einen Aufenthalt in „Bergwald" oder Salzburg.

Kapitulation gegenüber den Westmächten Ende April 1945 tatsächlich
losgesagt hatte und dafür zum Tode verurteilt worden war,[B70:241, 243]
in einer von den Briten abgehörten und übersetzten Nachricht vom 2. Mai
1945 an Kesselring und Generaloberst Lothar Rendulic (1887–1971) mitteilte, er habe sich „faithfully and loyally" Hitlers Nachfolger, Großadmiral Karl Dönitz (1891–1980), unterstellt.[B17:740]

Unklar ist, ob der Fund von Briefen und Befehlen Himmlers aus der Zeit von Dezember 1944 bis Februar 1945 in einem Stollen des Salzbergwerks Hallein[A47:16, 21f.] auf seine Anwesenheit in „Bergwald" in dieser Zeit schließen lässt oder ob die Dokumente nur dorthin geschickt worden waren, bevor sie „early in 1945" aus der Feldkommandostelle in das Salzbergwerk verbracht wurden.[A21b][98] Soweit sich Himmler nicht in seinem Sonderzug aufhielt, waren in jener Zeit das bereits seit Juli 1943 als „Ausweichlager" für das Hauptamt des Persönlichen Stabs RFSS in Planung und Ausbau befindliche „Birkenwald"/"Birkenhain" bei Prenzlau in der Uckermark,[A12] „Tannenwald" (Schloss Kransberg in Hessen[B61:32]) und, im März 1945, „Frankenwald" in Bad Frankenhausen in Thüringen die Feldkommandostellen.[B15:XVII]

Laut Kurt Becher soll Himmler sich um den 20. März 1945 in Salzburg aufgehalten haben,[A49:4] doch muss dies nicht heißen, dass er in der Villa Trapp war. Becher selbst z.B. erstattete dem SS-Gruppenführer Hermann Fegelein (1906–1945) am 19. oder 20. März 1945 in Schloss Klessheim Bericht[A49:4] und besprach sich mit Kaltenbrunner in der Nacht vom 25. auf 26. April 1945 im Hotel Österreichischer Hof in Salzburg.[A49:18]

Frank Döbert äußerte auf der Basis britischer Dokumente die Vermutung, Himmler könnte sich in der zweiten Aprilhälfte 1945 noch einmal kurz in der Villa Trapp aufgehalten haben.[B9:7] Tatsächlich scheint Himmler am 19. April –

---

[98] Ein Telegramm des Reichssicherheitshauptamts vom 24. Dezember 1944 ging u.a. an „Bergwald".[A11:1]

einen Tag vor Hitlers Geburtstag – in Salzburg erwartet worden zu sein,[A22:1] doch blieb er in Berlin bzw. im Zietenschloss Wustrau in Brandenburg[A51:5], ebenso wie am 26.
April, als Kaltenbrunner informiert wurde, Himmler sei unterwegs nach Salzburg.[A22:1f.] Kaltenbrunner selbst erklärte in einer Vernehmung, er habe Himmler zum letzten
Mal am 18. April in Berlin gesprochen, obwohl er selbst sich
zwischen dem 21. und 26. April in Salzburg und Innsbruck
aufhielt.[A53:7] Und wie bereits erwähnt, müsste Himmlers
Anwesenheit in „Salzburg" nicht zwangsläufig bedeuten, er
wäre auch in der Villa Trapp gewesen, denn er hätte z.B.
ebenso gut seinen Kommandostab in der Kaserne Glasenbach aufsuchen können.

Die Feldkommandostelle wurde indes auch unterhalten,
wenn Himmler nicht anwesend war, wie Baumert in seiner
Vernehmung nach dem Krieg erklärte.[A52:4] Die Miete für
die Villa zahlte die SS zum letzten Mal am 16. März 1945 für
den gleichen Monat.[A55u:1] Ein Adjutant Himmlers, der
Astronom und SS-Hauptsturmführer Dr. Wilhelm Führer
(1904–1974), hielt sich offenbar vom 22. April bis zum 4. Mai
1945, dem Einmarsch der Amerikaner, in der Villa auf;
[A51:2] der SS-Oberführer und Jurist Horst Bender (1905–
1987) soll vom 20. April bis zum 3. Mai 1945 in Aigen gewesen sein.[A51:3]

Als der SS-Obergruppenführer und Leiter des SS-Wirtschafts-Verwaltungshauptamtes Oswald Pohl (1892–1951)
am 26. April einen Untergebenen zur Feldkommandostelle
„Bergwald" schickte, befanden sich dort angeblich SS-

Obergruppenführer Hans Kammler (1901–1945)[99] und SS-Obergruppenführer Paul Hausser (1880–1972) im Gespräch.[A63:6]

Nicolai (Freiherr) Freytag von Loringhoven (*1934), ein Sohn der bereits erwähnten Trappschen Nachbarin Elisabeth Freytag von Loringhoven, erinnerte sich 2010: *Jahre später allerdings statteten mein Bruder und ich in den allerletzten Kriegstagen 1945 der Himmler-Villa unsererseits einen Besuch ab – eingestandenermaßen als Plünderer. Nach dem Überwinden einer Mauer – für Zehnjährige kein Problem – drangen wir in das von der SS geräumte Gelände ein und widmeten sofort unsere ungeteilte Aufmerksamkeit den beiden Mannschaftsbaracken, die ein ganz unglaubliches Bild von Chaos und Verwüstung boten.*[W7][100]

* * *

Während sich Himmler im November 1944 ausweislich des Dienstkalenders besonders mit militärischen Problemen beschäftigte,[B61:928-948] sollte sein Aufenthalt auch Auswirkung auf den Trappschen Hausrat haben. Wie bereits erwähnt, war ein Teil desselben im Lagerhaus Wilden-

---

[99] Er soll jedoch bis 28. April 1945 in Linderhof und erst anschließend in Salzburg gewesen sein.[W22]

[100] Ich danke Christian Strasser für den Hinweis auf diese Quelle, die jedoch in anderen Punkten sehr unzuverlässig ist: die Trapps hatten Österreich nicht bereits vor dem „Anschluss" Richtung USA verlassen und Himmlers Zug kam frühestens 1943, nicht 1941 ins Spiel.[W7] Laut einem anderen Zeitzeugen war die Mauer 1948 mit Stacheldraht gekrönt.[B45:16]

hofer (genauer: Erstes Salzburger Lagerhaus, Leopold Wildenhofers Nachfolger[B2:390]) in der Gniglerstraße 5-7, nahe des Salzburger Bahnhofs, gelagert. Georgs Anwalt Wolff hatte sich bereits seit ca. einem Jahr „[m]it Rücksicht auf die geänderten Verhältnisse an der Südfront" erfolglos um eine Verlagerung aus Furcht vor Bombardierungen des Bahnhofs bemüht,[A16:42] als er am 12. Oktober 1944 erfuhr, dass die Schutzpolizei eine solche verlangte. Da er keinen Lagerort finden konnte, bat er den Reichskommissar, sich darum zu kümmern.[A16:104]

Am 27. November 1944 teilte Fitzner dem Reichskommissar mit, dass der Luftschutzleiter und Schutzpolizeichef von Salzburg den Auftrag gegeben habe, die eingelagerten Güter Trapps aus Luftschutzgründen zu verlagern, dass er, Fitzner, es auch versucht habe, obwohl sich die „Beschlagnahme" nur auf Haus und Grundstück, nicht auf die Möbel, erstrecke, er aber gescheitert sei. Himmler habe nun beschlossen, diese Besitztümer an Gauleiter Scheel zur Verteilung an bombengeschädigte „Volksgenossen" „unter gleichzeitiger Schätzung und Erstattung des Wertes" zu übergeben.[A16:113] (Ich halte es für wahrscheinlich, dass Himmler, der „Bürokratismus" ablehnte,[A5:4] von Fitzner über die Situation ebenso wie über die Probleme mit dem Grundstückstausch informiert worden war und dann kurzerhand die Verteilung befahl.)

Am 30. November ließ Scheel durch den Regierungspräsidenten Dr. Wolfgang Laue (geb. 1905) bestätigen, dass Himmler persönlich dies angeordnet und er daher eine „Beschlagnahme" – und dieses Mal ist der Begriff korrekt – ausgesprochen habe.[A16:114] (Himmlers Dienstkalender verzeichnet am 21. November ein Essen und Gespräch mit Scheel.[B61:944]) Am gleichen Tag wandte sich Scheel als Reichsstatthalter Salzburg an das Lagerhaus Wildenhofer mit der Anordnung der Beschlagnahme des Trappschen Hausrats nach §25 des Reichsleistungsgesetzes.[A16:115] (Eine Abschrift ging an die „Lokführersgattin" Franziska Hlavka.)

Da Frau Janke vom Reichskommissar ohnehin in Salzburg war, fand am 13. oder 14. Dezember 1944 eine Besprechung zwischen Wolff, Janke und dem Gauhauptmann Dr. Oskar Grazer (1906–1991) zu diesem Thema statt:[A16:116, 118] anscheinend hatte auch Letzterer Bedenken, konnte sich aber über einen Befehl Himmlers nicht hinwegsetzen.[A16:135] [101] Als Ergebnis übergab Wolff den Lagerschein, aber lediglich zur Sicherung der Trappschen Güter.[A16:118] Am 15. Dezember trug Janke in Anwesenheit ihres Vorgesetzten Klostermann die Angelegenheit beim Leiter der Behörde, Staatssekretär Johannes Krohn (1884–1974), vor.[A16:135] Am 16. Dezember rief Klostermann Laue an und teilte ihm mit, dass die Beschlagnahme nicht zulässig sei. Er sei bereit, Gebrauchsgüter an Bombengeschädigte verteilen zu lassen, jedoch keine „mit Altertums- oder Kunstwert". Laue erklärte erneut, dass Himmler persönlich gegenüber Scheel die Verteilung „sämtliche[r] Mobilien" angeordnet habe, er beabsichtige aber, wertvolle Gegenstände davon auszunehen, zudem sei ein Gutachter

---

[101] Laue und Grazer hatten am 26. November 1944 noch ein Essen mit Himmler gehabt.[B61:947]

bereits aktiv und er wolle sich auch um die Sicherung der nicht verteilten Güter kümmern.[A16:117]

Nach ihrer Rückkehr in die Dienststelle verfasste Janke den Entwurf eines Schreibens an den Reichsführer-SS, Persönlicher Stab, der in recht deutlichem Ton die Beschlagnahme kritisierte:

Der Eigentümer ist zudem nicht nur sogenannter Wohnsitzfeind, sondern hat nach mündlicher Mitteilung des Verwalters inzwischen die Staatsangehörigkeit der Vereinigten Staaten von Amerika erworben.[102] Gerade gegenüber den Vereinigten Staaten von Amerika ist aber äußerste Zurückhaltung mit Zwangsveräußerungen geboten. [...] Unter der Voraussetzung der Aufhebung der gesetzlich nicht zu rechtfertigenden Beschlagnahme will ich ausnahmsweise einer freihändigen Veräußerung der einfachen Gebrauchsmöbelstücke [...] zu den vom Taxator festzustellenden Höchstpreisen an Bombengeschädigte Salzburgs zustimmen."[A16:120]

Der Entwurf wurde mit dem Vermerk „Unterbleibt" zu den Akten gelegt; stattdessen erfolgte am 18. Dezember ein gemäßigteres und verbindlicheres Schreiben Krohns an Himmler persönlich. Krohn erklärte sich *mit Rücksicht auf die besonderen Verhältnisse in Salzburg gern damit einverstanden, dass Hausrat, der zu dem Vermögen des Ritter von*

---

[102] Die Aussage Wolffs ist falsch; zudem ist unwahrscheinlich, dass er von Georgs Antrag auf die Staatsbürgerschaft der Vereinigten Staaten vom 21. Januar 1944 erfahren hatte.[B30:231] Auch gegenüber der amerikanischen Militärregierung in Salzburg stellte Wolff später diese Behauptung auf,[A55y:1] die offensichtlich akzeptiert wurde.[A55ab:1] Georg starb vor der Einbürgerung.

Trapp gehört, an bombengeschädigte Volksgenossen ge-gen Erstattung des Wertes abgegeben wird. [...] Zu dem ab-gestellten Vermögen gehören aber auch Kunstwerke und wertvolle antike Möbel. Ich wäre dankbar, wenn Sie, Herr Reichsführer, klarstellen würden, dass solche Gegen-stände von Ihrer Anordnung nicht betroffen werden, die dem Zweck Ihrer Anordnung, Bombengeschädigten zu Ge-brauchsmöbeln zu verhelfen, nicht dienen können. [A16:120b]

Am gleichen Tag schrieb der Reichskommissar an Scheel, dass er „[u]nter der Voraussetzung", „dass die besondere Notlage in Salzburg allgemein die Beschlagnahme von Hausrat zugunsten Bombengeschädigter notwendig ge-macht hat", der Veräußerung zustimme.[A16:121a]

Dass dem nicht so war, erläuterte Wolff am 29. Dezember 1944 dem Reichskommissar: es handele sich hier um die einzige ihm bisher bekannte Beschlagnahme in Salzburg. [A16:124] Auf dem Umschlag des Schreibens findet sich der Vermerk, dass dessen Inhalt dem „Staatssekretär" am 8. Januar 1945 vorgetragen wurde und er sein Schreiben in der Annahme verfasst habe, es handele sich um einen re-gulären Fall.[A16:124]

Am 4. Januar 1945 meldete Wolff dem Reichskommissar, dass „bis auf kleine Reste" der gesamte Hausrat inzwi-schen im Carabinieri-Saal der Salzburger Residenz unter-gebracht sei, wo demnächst Sichtung und Schätzung be-ginnen sollten.[A16:126] Eine Unterbringung der auszu-scheidenden wertvollen Güter in Schloss Matzen in Tirol hatte sich zu diesem Zeitpunkt bereits zerschlagen. [A16:128]

Am 21. Januar 1945 bewahrheiteten sich die ursprünglichen Befürchtungen: das Lagerhaus Wildenhofer wurde bei
einem Bombenangriff vollständig zerstört.[A16:130] Am 23.
Januar meldete Wolff dem Reichskommissar, dass die aus-
geschiedenen Kunstwerke und antiken Möbel einen
Schätzwert von 83.035 Reichsmark erreichten; Bilder und
Bücher sollten ohne Schätzung freigegeben werden.
[A16:129] (Man erinnere sich, dass der Versicherungswert
35.000 Reichsmark betragen hatte.[A16:22]) Und schließlich gelang es Wolff auch, eine 24 qm große, betonierte Garage eines Klienten in St. Gilgen bei Salzburg für 45 Reichsmark im Monat zu mieten,[A16:134] wobei jedoch unwahrscheinlich ist, dass sie tatsächlich genutzt wurde.

Am 9. August 1945 schrieb Wolff an die Militärregierung
Salzburg, dass das im Carabinieri-Saal verwahrte bewegli-
che Eigentum Georgs weitgehend verloren sei; vieles sei vor
dem amerikanischen Einmarsch von Scheel verteilt, ande-
res danach geplündert worden; Frau Hlavka versuche,
mehr herauszufinden.[A55h:1] (Sie erhielt am 21. August
1945 eine Vergütung für das „Zustandebringen von geplün-
dertem Hausrat Trapp".[A55u:2]) Ähnlich äußerte er sich
auch gegenüber Georg am 28. August 1945, das Mobiliar sei
aber noch „zum größten Teil" erhalten,[A55o:3] was Wolff
am 3. April 1946 auch gegenüber der Militärregierung an-
gab.[A55v:3] [103] (Während die „wertvollen Bilder und viele

---

[103] Am 24. Oktober 1945 hatte Wolff gegenüber der Militärregierung noch
behauptet, dass „ein Teil der antiken Möbel" von Scheel verschenkt worden sei. Er beklagte auch, dass der Carabinieri-Saal der Residenz immer
noch nicht abgesperrt und beaufsichtigt werde.[A55m:2] In seinem
Schreiben an Georg erwähnt Wolff, dass der Preis für antikes Mobiliar
mittlerweile deutlich angestiegen sei, dass er jedoch vom Verkauf abrate,

Bücher" verloren waren,[A55v:4] blieb der in Klosterneuburg eingelagerte Besitz weitestgehend erhalten.[A55w:2])
Interessanterweise verzichtete Wolff im Februar 1946 darauf, Ansprüche wegen Plünderungen zu stellen.[A55o:6]

Schließlich teilte er der Militärregierung am 24. Juli 1946
noch mit, dass Scheel im Frühjahr 1945 Trappsches Mobiliar an die Reichsdozentenführung verschenkt habe, das in
das fürsterzbischöfliche Priesterseminar in der Dreifaltig-
keitsgasse gebracht wurde. Das Priesterseminar hatte
nach Kriegsende die Eigentumsrechte Georgs anerkannt,
aber auf eine Weisung der Militärregierung verwiesen, die
eine einfache Rückgabe nicht ermögliche. Wolff bat daher
die Militärregierung, die entsprechenden Möbel „freizuge-
ben", wobei er jedoch beabsichtige, sie dem Priesterseminar „zur weiteren bittweisen Benützung gegen jederzeitigen
Widerruf zu überlassen. Es ist nämlich für die Möbel güns-
tiger, dass sie benützt und sorgsam betreut werden, als
dass sie in irgend einem Lagerraum verstauben."[A55ad:1]
Die Freigabe erfolgte wohl am 16. August 1946.[A55af] Laut
William Anderson ließen die Trapps bei ihrem Aufenthalt in
Salzburg 1950 (s.u.) die „wichtigen" verbliebenen Besitztümer nach Stowe bringen, den Rest versteigerten sie.
[B4:138]

---

da ein Transfer des Erlöses in die USA schwierig sei; andererseits stelle
sich die Frage der Lagerung, da es nicht dauerhaft im Carabinieri-Saal
bleiben könne.[A55o:3] Die Möbel kamen dann im April 1946 in den
„Kino-Saal" der von der SS auf Georgs Grund errichteten Sanitätsbaracke (s.u.).[A55w:3]

Mai 1945 – April 1953

Bereits sehr bald nach der kampflosen Übergabe Salzburgs am 4. Mai 1945 an amerikanische Truppen[B12:14] wurden Amerikaner in der Villa Trapp einquartiert. (Zuerst offenbar das 15th Infantery Regiment der 3rd Division.[A55d]) Georgs Söhne Rupert und Werner, die in der US Army in Italien gekämpft hatten, besuchten Anfang Juni 1945 [B27:238f.] die Villa. Ihre Mitteilung über die Verhältnisse erreichte Georg am 22. Juni 1945, am folgenden Tag schrieb er erstmals nach Kriegsende wieder an Wolff[A55n] und stellte so die Verbindung wieder her, wenngleich es durchaus noch zu Verzögerungen im Briefverkehr kam.[A55r; A55x:1][104]

Im Juni 1945 waren es, so Rupert an seinen Vater, amerikanische Militärbehörden, die die Villa bewohnten; die amerikanische Botschaft sei ebenfalls interessiert.[A55n:1] Georg schlug Wolff am 23. Juni vor, die Villa für 500[105] Dollar im Monat, plus Steuern und Unterhalt, zu vermieten. [A55n:2] Tatsächlich nutzte die amerikanische Gesandtschaft kurzzeitig die Villa,[A55h:2] war allerdings zum 28. August 1945, als Wolff Georg antwortete, bereits wieder nach Wien umgezogen, wenngleich der de-facto-Botschafter, John G. Erhardt (1889–1951), offenbar noch in Salzburg geblieben war.[A55o:1]

---

[104] Georg stellte Wolff auch einen kurzen Besuch in Aussicht, sobald wieder „Ordnung in Deinem neuen Österreich" herrsche.[A55n:3]

[105] Im Text heißt es eigentlich „dollars 3.500".[A55n:2]

Im amerikanischen „property register" 1945 hieß es dann, dass amerikanische Truppen in der Villa untergebracht seien;[A55k] 1946 diente sie alliierten Offizieren und Angehörigen der österreichischen Regierung als Gästehaus. [A55w:3][106] 1947 wurde die Villa weiterhin vom Militär als Offizierscasino genutzt.[A56c; A56f; Z16]

Angesichts der Umstände verwundert es nicht, dass diese „Einquartierung" („billeting") anfangs ohne klare rechtliche Grundlage erfolgte.[107] Die amerikanische Militärregierung übernahm, laut ursprünglicher Fassung des „property registers", die „Kontrolle" über Georgs Besitz am 5. September 1945.[A56a] Als Grund wurde angegeben, der Besitzer sei amerikanischer Bürger.[A56a][108] Hierbei scheint es sich also um ein Äquivalent zur Zwangsverwaltung durch den Reichskommissar gehandelt zu haben, lediglich mit umgekehrter Begründung, da der Eigentümer nun nicht mehr als „Wohnsitzfeind", sondern als eigener Staatsbürger galt. Am 22. Oktober 1945 wurde Wolff offiziell von der amerikanischen Militärregierung als Verwalter der Villa bestellt. [A56b]

Es gibt außerdem einen auf den 24. Oktober 1945 datierten Requirierungsbescheid („real estate requisition") für die

---

[106] Bereits vom 11. auf den 12. November 1945 übernachtete Staatskanzler Dr. Karl Renner (1870–1950) in der Villa Trapp.[Z14]

[107] Auch Wolff war seit dem 8. Mai 1945 aus seiner Villa „verstoßen", in der nun amerikanische Soldaten einquartiert waren.[A55o:5] Unter der Einquartierung „litt" seine Villa „beträchtlich".[A55w:5]

[108] S. auch den Wochenbericht des „property control officers" vom 17. September 1945.[A61]

Zeit ab 1. November 1945, der auch korrekt unterschrieben ist, jedoch weder die notwendige Requirierungsnummer trägt, noch einen Besitzer ausweist, sondern auf die lokale Einheit der Militärregierung hinweist. Zudem enthält der Bescheid die handschriftliche Notiz, dass noch weitere Bauten auf dem Grundstück requiriert würden, was vermerkt werden solle.[A55l] Hinzu kommt, dass sich das Formular des Bescheids auf Artikel 53 der Haager Landkriegsordnung von 1907 bezieht, der jedoch eben nicht erlaubt, ein Privathaus „mit Beschlag zu belegen".[W1:150] (Und wie sollte dieser Artikel auf einen eigenen Staatsangehörigen Anwendung finden?) Ich gehe daher davon aus, dass dieser Bescheid keine Gültigkeit erlangte. Allerdings bestand offenbar wenigstens *de facto* eine solche Requirierung der Villa durch die US Army bzw. United States Forces in Austria,[A56f; A58] in etwa vergleichbar der Situation unter dem Reichsleistungsgesetz.

Am 13. (und/oder am 21.) Februar 1946 wurde Wolff mitgeteilt, dass „das Besitztum [Georgs] von der Kontrolle der Militärregierung freigegeben worden ist".[A55s; A55t] Die „Requirierung" der Villa wurde dagegen offenbar erst im Laufe des Jahres 1947 aufgehoben und durch Miete im Rahmen eines „Dollar Credit Plan" ersetzt.[A:58]

Die Frage nach der Rechtsgrundlage war keineswegs eine akademische, denn weder die Militärregierung noch die amerikanische Botschaft noch die US Army zahlten 1945 etwas für die „Einquartierung",[A55o:2f.] ebenso wenig das Kriegsschädenamt Salzburg.[A55i] (Was Wolff jedoch nicht daran hinderte, eine amerikanische Behörde als Bewohner der Villa zu bevorzugen.[A55i]) Dagegen musste Wolff, bzw.

Georg, nicht nur Steuern und Versicherungen zahlen, sondern auch Reparaturen und, seit Mai 1945, einen Hausmeister.[A55u:1] Daher ist nicht verwunderlich, dass Wolff am 22. Februar 1946, also direkt nach Aufhebung der „Kontrolle", Anspruch auf Mietausfallersatz in Höhe von 3.462 Schilling bei der Militärregierung geltend machte.[A55q] (Dies entsprach sechs Monatsmieten in der von der SS bezahlten Höhe zum Umrechnungskurs von 1:1.[109]) Wie Wolff am 27. Mai 1946 Georg mitteilte, bezahlte die Militärregierung diese „Einquartierungs-Entschädigung" für 1945 im März 1946;[110] für 1946 gab es zu diesem Zeitpunkt noch keine Regelung.[A55x:1] In den Unterlagen konnte ich auch keine weiteren konkreten Informationen dazu finden.[111]

* * *

Ein weiteres Betätigungsfeld für Wolff bestand im Bemühen um die Anerkennung der durch die SS vorgenommenen Änderungen und vor allem der Bauten im Gartenbereich als Eigentum Georgs. Was das von der SS in der Villa zurückgelassene Mobiliar anging, musste er Georg zwar am 21. Mai

---

[109] Mit der Rückkehr zum Schilling Anfang Dezember 1945 wurde eine Reichsmark einem Schilling gleichgesetzt.[Z5] Nach dem Anschluss war der Kurs Schilling/Reichsmark mit 3/2 festgelegt worden. [Z32]

[110] Mein Verdacht ist, dass dies nur geschah, weil Wolff Georg erfolgreich als Amerikaner ausgegeben hatte.

[111] Im Entwurf des Kaufvertrags wird eine „allfällige von der Besatzungsmacht oder der Stadtgemeinde Salzburg zu zahlende Einquartierungsentschädigung" angesprochen, die bis zur Eintragung im Grundbuch Georg, erst dann dem Käufer zufallen sollte.[A43:2]

1946 mitteilen, dass dieses von der Amerikanern als Kriegsbeute betrachtet würde,[A55w:3] doch scheint es letztlich
wenigstens teilweise in der Villa verblieben zu sein – möglicherweise hatte Georg in den USA entsprechend interve-
niert[A55aa:2] oder dies wurde, wie der Entwurf des Kaufvertrags nahegelegt, später durch die Sanguinisten er-
wirkt[A43:2] –, da es noch 2007 dort aufgefunden werden
konnte.[A38][112]

Wesentlich bedeutsamer waren jedoch die Verhandlungen
über die Holzhäuser innerhalb der Mauer und die Baracken
außerhalb, aber auf Georgs Grund. Die genaue Zahl und Art
wurde von Wolff und anderen immer wieder verschieden
angegeben und auch im Entwurf des Kaufvertrags[A43:2]
nicht spezifiziert. Vermutlich gab es innerhalb der Mauer
„sechs [oder sieben] kleine Holzhäuser zur Unterbringung
der Nachrichten-Helferinnen der Wachmannschaft und
von Kanzleien",[A55v:1] ein „Nachrichtenhaus"[A55f:7]
(„Funkbaracke"[B50:95]), ein Wasch- und Badehaus sowie
ein „Magazin" (Schuppen).[A55v:1] [113] Auf Trappschem
Grund außerhalb der Mauer gab es eine große Baracke (mit
Kinosaal), oft als Sanitäts- oder Rotkreuzbaracke bezeichnet, sowie zwei kleinere Baracken,[114] ein Waschhaus, einen

---

[112] Andererseits sollen nach einem Schreiben vom 1. Dezember 1947 Möbel, Decken, Teppiche und Matratzen aus dem Hotel Billroth in St. Gilgen,
die vorübergehend an die Villa Trapp ausgeliehen worden waren, von
amerikanischen Truppen entfernt worden sein.[A60] Und auch die US
Army soll Mobiliar in die Villa eingebracht haben.[A56d; A56e]

[113] S. auch Abb. 4.

[114] Diese drei Baracken sind auf dem Luftbild von 1945 (Abb. 5) am südlichen Ende des Grundstücks gut zu erkennen.

Hühnerstall und eine Trafostation.[A55g:2f.] Wieweit, abgesehen von dem Wasch- und Badehaus, all diese Gebäude, wie von Wolff behauptet, mit Betonfundamenten ausgestattet und z.B. durch Wasserleitungen und Kamine mit Georgs Grund verbunden waren, ist mehr als fraglich. [A55v:1; A55y:1] Auf dem Weg über die Trappschen Söhne und Georg wurden daraus „sieben kleine, aber luxuriös ausgestattete Häuser für die Mitglieder von [Himmlers] persönlicher Wachmannschaft" und ein elektrisch beheiztes Gewächshaus.[B60] Ein „zirka dreißig Meter langes Glashaus" außerhalb der Mauer als Gärtnerei wird auch von Richard Rannetsperger erwähnt, der ab August 1948 in einem der vier (von angeblich acht) verbliebenen Holzhäuschen im Park der Villa wohnte.[B45:18][115]

Unklar ist auch, wieviele Zimmer in den für eine Bewohnung vorgesehenen Häuschen und Baracken zur Verfügung standen; je 30 innerhalb und außerhalb der Mauer, wie im „property register" vermerkt,[A56a] erscheint hoch gegriffen: die große Baracke außerhalb der Mauer wies laut Inventar 16 Zimmer auf.[A55g:1f.]

---

[115] Rannetsperger gibt in seinen 2004 erschienenen Erinnerungen in diesem Fall auch Erzählungen des damaligen Gärtners wieder. Die dort gebotene Version der Trappschen Familiengeschichte ist abenteuerlich falsch (Georg sei vor dem „Umsturz" gestorben und die „Baronin" habe die Villa an die Nazis verkauft),[B45:18] aber wir wissen nicht, ob der Gärtner sie so erzählte oder Rannetsperger sich falsch erinnerte. Überdies soll der Gärtner erwähnt haben, die Trapps wären „heuer im Mai" „alle" in Salzburg gewesen und hätten in der Villa gewohnt,[B45:19] was erst im August 1950 der Fall war.[B4:138] Auch dies also ein Beleg, dass Zeitzeugenaussagen mit Vorsicht verwendet werden müssen.

Bereits in seinem Schreiben vom 23. Juni 1945 an Wolff hatte Georg den Wunsch geäußert, die sieben Holzhäuser innerhalb der Mauer möglichst bald für 35.000 Reichsmark (3.500 Dollar) zu verkaufen, da er befürchtete, dass sie mit Mietern zwangsbelegt würden.[A55n:2][116] Wolff dagegen riet am 28. August 1945 von einem separaten Verkauf der von amerikanischen Offizieren und Botschaftsmitarbeitern ebenfalls genutzten Holzhäuser ab, da dies dem Preis des gesamten Anwesens schaden würde. Allerdings hatte er bereits mehr als 60 dringende Anfragen dafür, darunter auch von Frau Hlavka.[A55o:2] Im Hinblick auf spätere Aussagen Wolffs fällt in diesem Zusammenhang auf, dass er dem zuständigen „property officer"[117] vorgeschlagen hatte, Georgs Verluste durch Plünderung und den Abriss des Stalls und des Waschhauses durch den Übergang der Holzhäuser und Baracken in dessen Besitz zu kompensieren, da diese nach österreichischen Recht durch die Errichtung auf seinem Grund **nicht** in seinen Besitz übergegangen seien und daher von den Amerikanern als Kriegsbeute angesehen würden.[A55o:3f.]

Was die Holzhäuschen innerhalb der Mauer anging, waren sie am 27. Oktober 1945 von einer amerikanischen Stelle – anscheinend der für Beutegut zuständige Offizier der 42nd Infantery Division,[A55ac] die auch spätestens ab 1.

---

[116] Außerdem wollte er, dass das „latrine- and showerhouse" bis auf das Betonfundament entfernt würde.[A55n:2] Vermutlich zählte er dieses nicht zu den „seven cottages".

[117] Bis 28. Februar 1946 war dies Lt. Col. Homer K. Heller (1904–1976), nach einem kurzen Intermezzo Captain Howard A. Mackenzie (1903–1988).[W17]

November 1945 in der Villa residierte[A55b:2] – an die Salzburger Landesregierung übergeben worden, da man sie als ehemaligen Reichsbesitz und damit amerikanisches Beutegut aufgefasst hatte.[A55v:3] Wolff hielt diese Übergabe im April 1946 für rechtsirrtümlich und bemühte sich um deren Widerruf.[A55v:3] Er argumentierte unter Verweis auf §297 und §294 des Allgemeinen Bürgerlichen Gesetzbuchs, die dazu gehörigen Ausschnitte aus dem „Klang-Kommentar" sowie mit der Behauptung bezüglich der festen Verbindung mit dem Boden, dass diese Bauten als dauerhafte angesehen werden müssten – anders als beispielsweise Jahrmarktsbuden oder Baracken für Gefangenenlager – und mit der Errichtung auf seinem Grund in Georgs Besitz übergegangen seien.[A55v:2] Diese Paragraphen betreffen jedoch lediglich die Frage, was als „unbewegliche Sache" anzusehen sei.[R1:§294, §297] (Meiner Meinung nach erfüllten speziell die Holzhäuschen dieses Kriterium nicht, planten doch Wolff und Georg von Anfang an nicht nur deren Verkauf, sondern auch den Ab- und Wiederaufbau auf anderem Grund.) Der Übergang in das Eigentum des Grundbesitzers ist vor allem in §419 geregelt, den Wolff jedoch nie anspricht. Demnach wären diese Holzhäuschen, sofern sie als „Bauten" angesehen werden konnten, in Georgs Besitz übergegangen, doch hätte der Bauführer Anspruch auf Ersatz der Materialkosten.[R1:§419]

Offenbar war indes der Salzburger Landesregierung dieser Paragraph bekannt, denn sie war bereit, Georgs Eigentum an den Holzhäuschen anzuerkennen, sofern dieser „die amtlich festgestellten Kosten der Bauführung für diese

Häuschen mit S 52.160.- vergüte[...]".[A55w:1][118] Da die Salzburger Landesregierung sich wohl kaum als Rechtsnachfolger der SS ansah, liegt die Annahme nahe, dass die Kosten für den Umbau der Villa 1943 von der Gauleitung Salzburg übernommen worden waren.

Wolff lehnte dieses Ansinnen ab und verwies auf den Schaden, den der Abriss der beiden Gebäude 1943 und das Verschenken von Georgs Hausrat angerichtet hätte, worauf die Landesregierung jedoch konterte, dass es sich hierbei um Schadenersatzansprüche gegen das Deutsche Reich handele.[A55w:1f.] Auch gegenüber der Militärregierung wies Wolff, wie bereits erwähnt, vorsorglich auf solche Ansprüche hin, sollte Georgs Eigentum an den Holzhäuschen nicht anerkannt werden.[A55v:4]

Letztlich kam es jedoch wieder anders: Nachdem Wolff Georg am 5. Juli 1946 noch hatte mitteilen müssen, dass gerade erst erneut und nun auch durch eine andere Stelle der Militärregierung sein Eigentumsrecht an den Holzhäuschen verneint worden sei,[A55z:1] stellte sich heraus, dass der „property control officer" gar nicht zuständig gewesen wäre.[A55ac] Die Übertragung an die Landesregierung wurde widerrufen, da es sich, wie nun auch die Militärregierung behauptete, um „permanente Strukturen auf dem Besitz eines amerikanischen Bürgers" handele.[A55ab] Die Holzhäuser befanden sich damit in Georgs Eigentum und Verfügungsgewalt, wie Wolff ihm am 31. Juli 1946 schrieb.

---

[118] Die „legal section" der amerikanischen Militärregierung in Salzburg war 1946 ebenfalls zu dem Schluss gekommen, dass die Landesregierung nach österreichischem Recht Anspruch auf eine Entschädigung habe.[A55ac]

[A55ae:1] Ob damit auch ein Entschädigungsanspruch seitens der Salzburger Landesregierung aus dem Weg geräumt war, bleibt offen.[A55ac][119]

Allerdings gibt es, wohl aus dem Jahr 1948, eine Übersicht von ehemaligem Eigentum der Wehrmacht und der SS in Salzburg und Salzburg-Land, in der auch Holzhäuser auf Georgs Grundstücken 619 und 691 in Aigen aufscheinen.[120] Während der Grund als „Baron Trapp (Erben)" gehörig bezeichnet wird, wird der Gebäudeeigentümer als „Fiskus Waffen SS" bezeichnet. Die Anmerkung lautet, wie bei anderen Baracken, kurz und knapp „Superädifikat".[A62]

Nach dem Verkauf der Villa und des Grunds innerhalb der Mauer an die Sanguinisten wurden „sieben hölzerne Wache-Hütten" verkauft, sechs davon wurden an anderen Orten wieder aufgebaut, die siebte blieb, vertragswidrig, bis 1993 im Park[B27:240] und wurde dann von ihren Bewohnern mitgenommen;[A24] eine achte Hütte, offenbar die „Funkbaracke",[B50:95] „blieb für den Eigenbedarf bestehen".[B27:240]

Vermutlich waren auch die „structures" außerhalb der Mauer von dieser Entscheidung betroffen; leider fehlen mir indes genaue Informationen dazu. Ungeachtet der unklaren

---

[119] Möglicherweise befinden sich noch Unterlagen zu diesem Vorgang im Landesarchiv Salzburg und/oder im Archiv der Sanguinisten.

[120] Diese unpaginierte Liste – eine von mehreren in der Akte – ist mit „Liegenschaften des Reichsfiskus Heer, Luftwaffe, Marine und Waffen-SS" überschrieben und betrifft lediglich Salzburg und Salzburg-Land. Vermutlich stammt sie vom österreichischen Bundesministerium für Vermögenssicherung und Wirtschaftsplanung.[A62]

Besitzverhältnisse hatte Wolff den (nunmehr kleineren) Hühnerhof, den Gemüsegarten (Küchengarten) und die Baracke(n) außerhalb der Mauer für eine Reichsmark pro Jahr an das Rote Kreuz (ganz am Anfang offenbar noch das Deutsche,[B27:238] dann das Österreichische[A55o:4]) vermietet, unter der Bedingung, dass dieses im Bedarfsfall sofort und ohne Ansprüche zu erheben ausziehen würde. [A55o:4][121] Nach dem Kauf des Grundstücks innerhalb der Mauer 1947 und der Pacht des restlichen Grunds durch die Sanguinisten forderte Wolff das Österreichische Rote Kreuz auf, den Gemüsegarten und die „außerhalb der Mauer befindlichen Baulichkeiten mit sofortiger Wirkung" zu räumen und die Übergabe bis zum 1. Oktober 1947 an den „in der Rotkreuz-Baracke wohnhaften P. Prokurator" durchzuführen.[B27:239] Ein sich anschließender Streit zwischen Rotem Kreuz und Sanguinisten über eine Rechnung für Gemüse und das Inventar wurde ohne Einschaltung eines Gerichts beigelegt.[B27:239]

Willi Klein schreibt in der Geschichte der Deutschen Provinz der Kongregation der Missionare vom Kostbaren Blut, dass diese 1951 „nun auch die auf dem zur Villa Trapp gehörenden Grund stehenden Baracken" von der Landesregierung Salzburg kaufte.[B27:240] Dabei bezieht er sich

---

[121] 1946 erklärte das Rote Kreuz, dass man im Fall eines Verkaufs des Grundstücks in der, so berichtet Wolff, „grossen, wohnlichen Sanitätsbaracke (mit Kinosaal)" bleiben und den Gemüsegarten pachten wolle, wobei dieser sich aber gegen eine Bindung vor dem Verkauf aussprach. [A55w:4] Rannetsperger berichtet von zwei „langen Baracken neben der Gärtnerei", in einer der beiden befand sich zu seiner Zeit die „Heimatbühne Aigen".[B45:21] Eine zweite „lange" Baracke ist jedoch auf Abb. 5 nicht zu sehen.

allerdings auf Baracken in der „damaligen Watzmannstraße 7",[B27:240] wo die Trapps keinen Grundbesitz hatten. Hier handelte es sich also offensichtlich nicht um die Baracken auf dem Trappschen Grund außerhalb der Mauern, die erst im Zuge des Erwerbs desselben durch die Sanguinisten 1952/53 an sie fielen.[A24]

* * *

Womit nun auch die Bemühungen um den Verkauf der Villa und des Grunds innerhalb der Mauern noch näher angesprochen werden sollen.

Am 23. Juni 1945 wies Georg Wolff an, sich um den Verkauf nicht nur der Holzhäuser, sondern auch der Villa zu kümmern, sofern sie nicht an amerikanische Behörden vermietet werden könne; die Familie habe jedenfalls keine Absicht mehr, dort wieder zu wohnen. Für die Villa und den Grund innerhalb der Mauer hielt er 80.000 US-Dollar (seiner Ansicht nach entsprechend 400.000 „alten" Schillingen) für angemessen. Den Grund außerhalb der Mauer wollte Georg behalten.[A55n:2]

Diesen Brief erhielt Wolff am 8. August 1945.[A55m:1] Als er Georg am 28. August antwortete, konnte er bereits zwei Interessenten vorweisen: einen Kaufmann aus Wien, der jedoch auf dem Gelände eine Fabrik und eine Arbeitersiedlung errichten wolle und daher kaum in Frage käme; sowie die Halleiner Schulschwestern (Halleiner Schwestern Franziskanerinnen).[A55o:2] Letztere hatten ihr Interesse auch in einem Schreiben an Georg vom 18. August 1945 bekundet, da ihr Besitz 1940 „beschlagnahmt und enteignet" worden war und das Mutterhaus belegt, vermietet und auch nicht mehr geeignet sei. „Verzeihen Euer Hochwohlgeboren daher die ganz unverbindliche Anfrage, ob Herr Kapitän sich noch mit Gedanken tragen, den Besitz zu veräussern? Dann würden wir mit der dringlichen Bitte herantreten, uns als erste Kompetenten zu betrachten!"[A55e:2][122]

Ergänzend zu seinem Schreiben vom 28. August wies Wolff Georg darauf hin, dass auch die Sanguinisten die Villa erwerben wollten und, wie die Halleiner Schulschwestern, [A55o:4] auch den Gemüsegarten (außerhalb der Mauer). [A55m:1]

Wolff leitete diesen Brief über den amerikanischen Eigentumskontrolloffizier Heller, der Georg zudem mitteilte, dass Schulschwestern wie Sanguinisten bereit wären, 85.000 Dollar aufzubringen, zahlbar in Stowe/Vermont, dem neuen Trappschen Familiensitz, aber eben auch die Holzhäuser haben wollten. Den Sanguinisten würde es wohl leichter fallen, den Bedingungen zu entsprechen; andere Interessenten seien vorhanden, könnten aber nicht in Dollar in den USA zahlen.[A55p]

Da die Schreiben Wolffs und Hellers sich, vermutlich wegen Zensur, verzögerten, antwortete Georg erst im Januar 1946 und wies Wolff an, an die Halleiner Schulschwestern für 85.000 Dollar zu verkaufen, sofern sie bis zum 30. April 1946 das Geld aufbringen könnten, ansonsten an die Sanguinisten.[A55v:3]

---

[122] Es folgt eine Eloge, wie geeignet Georgs Grundstück für die Zwecke der Schulschwestern wäre.[A55e:2] Wolff hatte ihnen vorläufig Schloss Aigen vermietet.[A55o:2]

Doch wie Georg per Telegramm vom 17. Mai 1946 Wolff mitteilte, hatte „Milwaukee" – gemeint sind die „Sisters of the Sorrowful Mother" in Milwaukee/Wisconsin[A55w:2] – abgelehnt, die Halleiner Schwestern in dieser Angelegenheit zu unterstützen.[A55w:1] Wolff schrieb daraufhin am 21. Mai an Georg, dass er dessen Telegramm so verstehe, noch bis Mitte Juli zu warten und, falls sich keine Änderung ergebe, dann die Villa an die Sanguinisten für 90.000(!) Dollar zu verkaufen.[A55w:1]

Wolff legte außerdem den Entwurf des Kaufvertrags bei, dessen Kopie jedoch nicht hier, sondern kurioserweise im Teilnachlass Max Reinhardts (1873–1943), des früheren Besitzers von Schloss Leopoldskron, zu finden ist.[A43] Dieser Vertrag bezog sich wohl noch auf die Schulschwestern als Käuferinnen, da für die 34.946 qm (Grundstücke 73/1 mit Villa, 194 „mit Haus Nr. 35 in Abfalter, Gyllenstormstraße 10", 619, 691 und 692/3; letztere mit leichten Arrondierungen) weiterhin eine Kaufsumme von 85.000 Dollar vorgesehen war.[A43:1] Nicht eingeschlossen war die Einrichtung der Villa, die als amerikanische Kriegsbeute galt; um die „Freimachung" von der Benutzung durch amerikanische Dienststellen hatte sich der Käufer zu kümmern.[A43:2] Die außerhalb der Mauer gelegenen Flächen 697/1 und 694/1 (14.084 qm) sollten gleichzeitig an den Käufer verpachtet werden, der auch ein Vorkaufsrecht dafür erhalten sollte. [A43:4f.]

Weiters teilte Wolff Georg am 21. Mai 1946 mit, dass Domherr Dr. Josef Dillersberger (1897–1972), Freund und früherer Mieter der Trapps, die Sanguinisten als Käufer präferiere, da der Priesternachwuchs für die Diözese wichtiger sei und sie mehr und leichter in Dollar zahlen könnten.[A55w:2]

Tatsächlich gelang es den Schulschwestern nicht, den nötigen Betrag aufzubringen,[123] so dass Wolff am 17. Juli 1946 Georg mitteilte, dass er sofort die Sanguinisten verständigt habe und dass diese auch den Schwarzenbergschen Besitz, der an den Trappschen angrenzte, erwerben wollten. [A55aa:1] (Dies scheint nicht geschehen zu sein.)

Am 26. November 1946 wandte sich der Provinzial der amerikanischen Provinz der Sanguinisten, Joseph M. Marling (1904–1979), an das amerikanische State Department mit der Frage, ob Einwände bestünden, wenn man die Villa Trapp von ihrem Eigentümer, der inzwischen amerikanischer Staatsbürger geworden sei, kaufen würde. Sie sei zwar zur Nutzung der österreichischen Mitbrüder gedacht, solle aber Eigentum der amerikanischen Provinz bleiben. Außerdem wollte er wissen, wie die Chancen stünden, dass die US Army den Besitz räumen würden, und an wen er sich gegebenenfalls wenden solle.[A48] Das State Department hatte keine Einwände und verwies auf General Mark W. Clark (1896–1984), den amerikanischen Hochkommissar in Österreich und Kommandeur der United States Forces in Austria.[A48] (Im April 1947 empfahl eine Abteilung der Militärregierung, die Sanguinisten sollten nach dem Eigentumsübertrag unter Verweis auf ihren Status als religiöse Gemeinschaft eine „de-requisition" beantragen.[A56f])

---

[123] Sie zogen dann zum 1. Dezember 1948 von Schloss Aigen nach Schloss Emsburg bei Morzg um.[Z49]

Der entsprechende Kaufvertrag, jetzt indes nur noch über eine Summe von 75.000 Dollar,[A42; B27:238][124] wurde am 29. Januar 1947 von Georg in Stowe unterschrieben und am 22. Mai 1947 vom Leiter der „Provincia Teutonica der Missionare vom Kostbaren Blut".[A23][125] Als Gegenleistung für die Zahlung übernahm die deutsche Provinz der Sanguinisten 75.000 Intentionen aus den USA.[B27:238] Die amerikanische Provinz zahlte den Kaufpreis direkt an die Trapps in den USA.[A23]

Unter dem 9. Oktober 1947 erfolgte ein Nachtrag in beiderseitigem Einverständnis, der die Holzhäuser und schmale Grundstücksstreifen außerhalb der Mauer betraf.[A23] Wie der „Wiener Kurier" am 16. Oktober 1947 berichtete, hatte es am 15. eine kleine Feier gegeben, bei der ein Ministerialrat der Finanzlandesdirektion Salzburg das Übergabedokument für die Villa Trapp unterzeichnete und gleichzeitig der amerikanische Gebietskommandant für das Land Salzburg ihm die Schlüssel übergab.[Z56][126]

---

[124] Eine Erklärung für die Senkung des Kaufpreises liegt mir nicht vor. Möglicherweise spielte dabei auch eine Rolle, dass der Kaufvertrag die Übernahme einer im Raum stehenden Entschädigungszahlung an das Land Salzburg für die Bauführungskosten von 1943 durch den Käufer vorsah.[A43:2] Oder sahen die Sanguinisten 85.000 Dollar nur für den gesamten Grund als angemessen an (s.u.)?

[125] In der Geschichte der Kongregation schreibt Klein zwar auch vom Kaufvertrag vom 22. Mai 1947, dessen Unterzeichnung in Österreich jedoch erst am 1. Juli 1947 stattgefunden habe.[B27:238] Georg war am 30. Mai 1947 in Stowe gestorben.[B30:119]

[126] Die Rolle der Finanzlandesdirektion bleibt mir unklar.

Am 9. Juli 1948 wurde das Eigentumsrecht der „Congregation der Missionäre vom kostbaren Blute" im Grundbuch vorgemerkt, am 30. September des gleichen Jahres dann einverleibt.[A28:315] Gemeint war die Deutsche Provinz. [A23]

Gerhard Jelinek und Birgit Mosser-Schuöcker bezeichnen in ihrer Trapp-Familien-Biographie diesen Preis als „ein Schnäppchen für die Steuererklärung" und als „eine Okkasion".[B19:219] Abgesehen davon, dass es sich um den tatsächlich bezahlten Preis handelte,[A42] stellt sich die Frage, wie dieser einzuschätzen ist.[127] Unter Berücksichtigung der Inflation ergäben 75.000 Dollar von 1947 einen heutigen Wert von ca. einer Million Dollar.[W6] Betrachtet man die Finanzübersicht der Trapps von 1941 bis 1947, erweist sich, dass der Chor, inkl. Franz Wasner, im Gesamtzeitraum Einnahmen von knapp 121.500 Dollar erzielte (ohne den Verkauf der Villa), wovon abzüglich der Lebenshaltungskosten ca. 36.000 Dollar als Nettoeinkommen verblieben.[A42] Das durchschnittliche Pro-Kopf-Jahreseinkommen in New England betrug 1947 knapp 1.450 Dollar.[Z6]

Eine Umrechnung des Kaufpreises in Schilling ergibt, unter Verwendung des damaligen offiziellen Wechselkurses von

---

[127] Der Einheitswert war 1942 mit 90.000 Reichsmark für die Villa und mit 13.400 Reichsmark für den „landwirtschaftlichen Betrieb Haus Nr. 35" angegeben worden,[A16:22] die Versicherungssumme betrug 120.000 Reichsmark für die Villa.[A55k] Im Kaufvertragsentwurf wurde der „Einheitswert" wie 1942 mit 90.000 Reichsmark für das (aufwendig instand gesetzte) Gebäude und 13.400 Reichsmark für den gesamten „landwirtschaftlichen Betrieb" beziffert, inkl. des (noch) nicht zum Verkauf stehenden Teils.[A43:3f.]

zehn Schilling für einen US-Dollar,[Z21] 750.000 Schilling; dies entspräche 2023 einer Kaufkraft von ca. 1,8 Millionen Euro.[W16] Allerdings müsste man berücksichtigen, dass der Schwarzmarktkurs 1947 zwischen ungefähr 50 und 200 Schilling pro Dollar schwankte.[Z7; Z22] Offenbar konnte man im Frühjahr 1947 für 120 Dollar in Österreich zwei Kühe kaufen.[Z21] Schließlich seien, ungeachtet der Probleme der Vergleichbarkeit, noch das Angebot einer Einfamilienvilla in Aigen (7 Zimmer, Bad, ca. 4.000 qm Garten, Wald) 1934 für 60.000 Schilling erwähnt,[Z29] die 2023 nicht einmal 300.000 Euro entsprächen.[W16] Sowie die Bewertungen von Max Reinhardts Schloss Leopoldskron in Salzburg: Der Besitz hatte 1938, ohne den ca. 10 ha großen Weiher, ca. 40 Hektar umfasst;[B18:28; B56:117] die SS veranschlagte den Wert nach der Beschlagnahme im gleichen Jahr mit 700.000 Reichsmark[A21a:11] (2023 ca. 4,8 Millionen Euro[W16]). Der Bertelsmann-Verlag erwarb im März 1956[B18:158][128] den gesamten Besitz von den Erben Reinhardts für 250.000 US-Dollar[B56:117] (damals 6,5 Millionen Schilling[W15], 2023 ca. 4,2 Millionen Euro[W16]) und verkaufte ihn dann, ohne Meierhof und grob einen Hektar Grund,[B11:64] im November 1957[B18:158] für 200.000 Dollar (damals 5,2 Millionen Schilling[W15], 2023 ca. 3,1 Millionen Euro[W16]) an die Stadt Salzburg.[B56:117] Diese wiederum veräußerte das Schloss und den Park (7,7ha [B56:117]), nicht jedoch den übrigen Grund, 1959[129] an das „Salzburg Seminar" (heute „Salzburg Global") für 77.000

---

[128] Christian Thomsen behauptet fälschlich, dieser Kauf sei im Januar 1959 erfolgt und auf 1. Oktober 1957 zurückdatiert worden.[B56:117]

[129] Zurückdatiert auf 1. Oktober 1957.[B11:64]

Dollar (damals ca. 2 Millionen Schilling),[B56:117],[130] was heute ca. 1,2 Millionen Euro[W16] entspräche.[131]

Ausschlaggebend erscheint mir jedoch, dass Georg, der sich – ungeachtet des Reinfalls mit der Lammer-Bank – durchaus mit Finanzen auskannte, offensichtlich 75.000 Dollar für angemessen hielt, vermutlich auch unter Berücksichtigung der Zeitumstände und da die Forderung nach

---

[130] Timothy W. Ryback gibt den (umgerechneten) Kaufbetrag in Dollar fälschlich mit ca. 95.000 Dollar an.[W18] Laut Österreichischer Nationalbank betrug der durchschnittliche Wechselkurs 1959 25,87 Schilling für einen US-Dollar.[W15]

[131] Hinzu kamen Anwaltskosten und Steuern von offenbar ca. 15.000 Dollar.[B11:64] (Thomsen beziffert die Anwaltskosten auf 10.500 Dollar.[B56:117]) Außerdem verpflichtete sich das „Salzburg Seminar", innerhalb von vier Jahren Reparaturen in Höhe von ca. 20.000 Dollar vorzunehmen.[B11:64] Dies entspräche beim damaligen Wechselkurs etwa einer halben Million Schilling. (Thomsens Angabe einer Reparaturverpflichtung in Höhe von 4 Millionen Schilling[B56:117] ist unglaubwürdig.) Hier sei außerdem angemerkt, dass, entgegen der verbreiteten Behauptung (z.B. [W19], [W23]), Schloss Leopoldskron weder Drehort für „The Sound of Music" war, noch im Film gezeigt wird,[V2] da das „Salzburg Seminar" Dreharbeiten auf seinem Grundstück ablehnte.[B11:73f.; W18] Schloss Frohnburg – dessen Adresse „Hellbrunner Allee 53" früh im Film zu sehen ist[V2] – lieferte nicht nur die Vorder-, sondern auch die Rückansicht der Trappschen Residenz im Film, wie man z.B. durch Abzählen der Fenster verifizieren kann. Andere Aufnahmen erfolgten auf dem benachbarten Grundstück des noch bis 1973[B11:97] dem Bertelsmann-Verlag gehörigen Meierhofs, auf dem die Terrasse und das Gittertor mit den „Seepferden" zum Leopoldskroner Weiher hin nachgebaut wurden und auch der berühmte Glaspavillon („gazebo") stand. Das Dekor des „Venezianischen Salons" im Schloss wurde für den in Hollywood aufgebauten Ballsaal kopiert.[B11:74]

Zahlung in Dollar in den USA den potentiellen Käuferkreis erheblich einschränkte.[132]

Mit dem Erlös wurden die Hypothek auf das Anwesen in Stowe bezahlt[B57:134] und Ausbauten dort finanziert. [B4:131]

* * *

Mit diesem Verkauf ist die Geschichte jedoch noch nicht ganz zu Ende. Am 29. Dezember 1948 weihte der Salzburger Erzbischof Dr. Andreas Rohracher (1892–1976) das neue Missionskolleg „Josefskolleg", wie die Villa nunmehr hieß, und den Altar der neuen Hauskapelle.[Z17] Im August 1950 wohnten die Trapps während ihrer Auftritte bei den Salzburger Festspielen in ihrer zur Verfügung gestellten ehemaligen Villa.[B4:138] Und schließlich erwarben die Sanguinisten mit Vertrag vom 30. Juni 1952 den verbliebenen Trappschen Grund „außerhalb der Mauer" mit einer Fläche von 17.351 qm um 10.000 Dollar,[133] die wieder von der Amerikanischen Provinz des Ordens zur Verfügung gestellt wurden.[A23] Der

---

[132] Die Österreichische Nationalbank hatte ursprünglich darauf bestanden, dass der Kaufpreis in Österreich erlegt werde;[A55w:2, A55aa:4] offenbar konnte Wolff dieses Hindernis schließlich doch aus dem Weg räumen.

[133] Die 9.000 US-Dollar von ca. 1954 (2024 knapp über 100.000 Dollar entsprechend,[W6] also vielleicht nicht ganz „lächerlich"[B55:268]), die Maria nach eigenen Angaben für die Filmrechte an ihrem Buch „The Story of the Trapp Family Singers" erhielt,[B59:148] sollte man auch zu diesem Verkaufspreis in Relation setzen. Gekauft hatte die Filmrechte der Produzent Wolfgang Reinhardt (1908–1979), ein Sohn von Max Reinhardt. [B55:268]

Vertrag wurde am 30. Juni in Salzburg und am 21. November 1952 in Stowe unterzeichnet.[A23] Nachdem die Österreichische Nationalbank die Devisengenehmigung und das Bezirksgericht Salzburg die Zustimmung erteilt hatten, wurde die Kongregation der Missionare vom Kostbaren Blut mit dem 14. April 1953 auch dafür im Grundbuch als Eigentümer eingetragen.[A26:187] 30 Jahre nach dem Kauf der Villa durch Georg war diese Verbindung der Trapps mit Salzburg-Aigen endgültig wieder gelöst.

Abbildungen

Abb. 1: Die Villa Trapp in Salzburg-Aigen
Fotograf unbekannt, 1930er-Jahre
InvNr Foto 41507
© Salzburg Museum

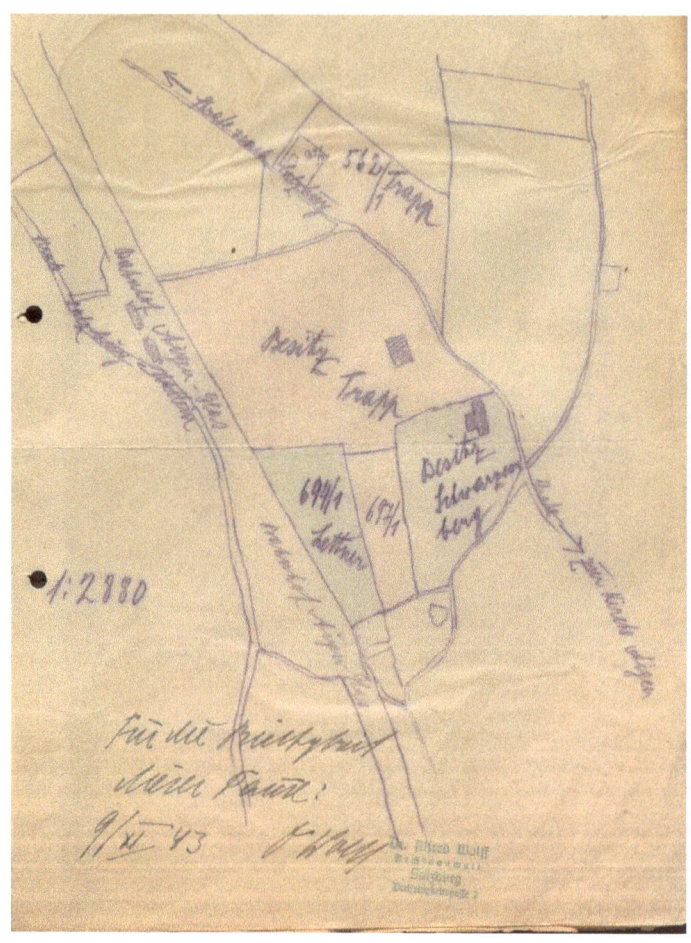

Abb. 2: Plan des Trappschen Grundbesitzes, 9.11.1943
Bundesarchiv Berlin: R 87/6940, f. 50 (=[A16:50])

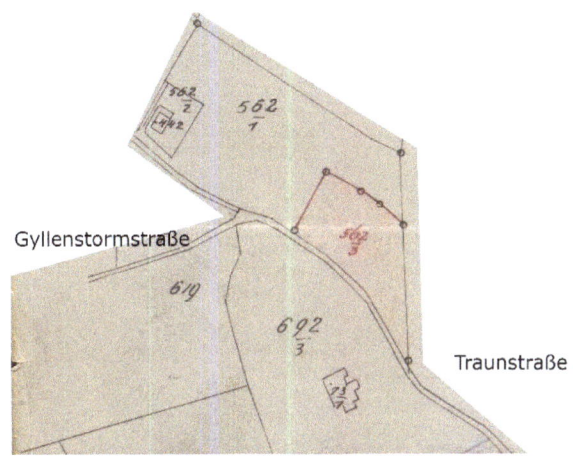

Abb. 3: Ausschnitt aus dem Situations-Plan betreffend die Teilung der Grundparzelle 562/1 (ergänzt um moderne Straßennamen)
Planausfertigung: 20.10.1943
Maßstab: 1:1250
Bundesarchiv Berlin: R 87/6940, f. 56v (=[A16:56])

Abb. 4: Orthofoto des nördlichen Teils des Trappschen Grundstücks, 20.4.1945
©SAGIS https://www.salzburg.gv.at/sagis (=[W13]) Norden ↑

Abb. 5: Orthofoto des südlichen Teils des Trappschen Grundstücks, 20.4.1945

©SAGIS https://www.salzburg.gv.at/sagis (=[W13]) Nord ↑

Abb. 6: Orthofoto des Grundstücks Gyllenstormstraße 8, Traunstraße 34, 21.8.2020. ©SAGIS https://www.salzburg.gv.at/sagis (=[W13]) Norden ↑

Quellen und Literatur

(alle URLs mit Stand 10.3.2025)

A: Archivalien, unveröffentliche Dokumente, Auskünfte

Bundesrepublik Deutschland

Bad Reichenhall

[A1] Auskunft *Stadtarchiv Bad Reichenhall*, 15.4.2024

Berchtesgaden

[A2] Auskunft *Archiv Markt Berchtesgaden*, 26.3.2024

[A3] Auskunft *Anton Brandner*, 26.3.2024

[A4] Auskunft *Dokumentation Obersalzberg*, 22.3.2024

Berlin

Bundesarchiv

(verfügbar über https://invenio.bundesarchiv.de. Angabe von Blattnummer ohne recto/verso)

NS 19 Persönlicher Stab Reichsführer-SS

[A5] NS 19/165 Fällen einiger Bäume aus parteieigenem Wald [...], 1943

[A6] NS 19/1440 Telefongespräche Himmlers (handschriftlich), Bd. 3, 1943

[A7] NS 19/1444 Kalendernotizen Himmlers (handschriftlich), Bd. 3, 1943

[A8] NS 19/1445 Kalendernotizen Himmlers (handschriftlich), Bd. 4, 1944

[A9] NS 19/1449 Notizen Himmlers für Besprechungen mit verschiedenen Persönlichkeiten (handschriftlich) 1934-1937, 1939-1944

[A10] NS 19/1786: SS-Wirtschafts-Verwaltungshauptamt, Bd. 3, 1943-1944

[A11] NS 19/2849 "Transport 44" (Fahrpläne und Nachrichtenverbindungen, vermutlich von Sonderzügen)

[A12] NS 19/3273 Einrichtung, Ausstattung und Unterhaltung des Ausweichquartiers Birkenwald 1943-1945

[A13] NS 19/3478 Mobilmachungskalender des Persönlichen Stabes (insbes. Organisation und Verwaltung der Hauptquartiere des Reichsführers-SS) 1940-1944

[A14] NS 19/3975 Übersicht über Gliederung und Stärke der Feldkommandostelle Reichsführer-SS nach dem Stande vom 1. Dez. 1943

[A15] NS 19/4055 Tagesablaufpläne, Terminblätter und Kalendernotizen des Reichsführers-SS (Himmler-Tagebuch) 1941-1942

R 87 Reichskommissar für die Behandlung feindlichen Vermögens

[A16] R 87/6940 Trapp, Georg von (derzeit Maine)

[A17] R 87/7229 Trapp, Georg von Merion/USA

Landesarchiv Berlin

(verfügbar über https://www.landesarchiv-berlin.findbuch.net/)

B Rep. 057-01 Generalstaatsanwaltschaft bei dem Kammergericht – Arbeitsgruppe RSHA, 01.05. Personenhefte

[A18] Nr. 1060: Personenheft Dr. Helmut Fitzner

[A19] Nr. 2750: Personenheft Arthur Scheidler

München

Institut für Zeitgeschichte

[A20] ZS 1456/1: Interrogation Nr. 2486, Vernehmung des Fritz Schweighofer, SS-Oberscharführer, am 12.12.1947 [...]. [Original offenbar im Staatsarchiv Nürnberg: Rep. 502 Nürnberger Prozesse, KV-Anklage, Interrogations S 186]

https://open.ifz-muenchen.de/handle/repository/6545

Großbritannien

Kew, Richmond

The National Archives

[A21] Foreign Office FO 898/532: PID Copies Of Enemy Documents Covering The Third Reich Era 1933-1945

[A21a] The Requisitioning of „Enemy of State" property in Austria by the Nazis, 2.9.1945

[A21b] Research Department Foreign Office report nr. 189, Mai 1946

[A22] HW1/3739-2: Government Code and Cypher School: Signals Intelligence Passed to the Prime Minister, Messages and Correspondence, Government Code and Cypher School: 30.4.1945

Österreich

Salzburg

Archiv der Missionare vom Kostbaren Blut

[A23] Faszikel 4254 (Auskunft, 24.6.2024)

[A24] Auskunft P. Willi Klein, 23.2.2025

Salzburger Landesarchiv

(Meldezettel über https://www.familysearch.org)

[A25] Grundbuch Katastralgemeinde Aigen, Einlagezahl 115

[A26] Grundbuch Katastralgemeinde Aigen I: Einlagezahl 148

[A27] Grundbuch Katastralgemeinde Aigen, Einlagezahl 176

[A28] Grundbuch Katastralgemeinde Aigen: Einlagezahl 1077

[A29] Meldezettel Franz Calliari

[A30] Meldezettel Franz Christanell

[A31] Meldezettel Margarete Fux

[A32] Meldezettel Johann Gappmayer

[A33] Meldezettel Matthias Gautsch

[A34] (Ab-)Meldezettel Marie Stiegler

[A35] (Ab-)Meldezettel Johanna Stiegler

[A36] Meldezettel Rupert (von) Trapp

Stadtarchiv Salzburg

[A37] Auskunft, 31.7.2024

[A38] Auskunft *Christian Strasser*, 29.3.2024

Dr. Franz Wasner (Privatbesitz)

[A39] Brief von Georg (von) Trapp an Matthias Wasner, 11.9.1937

[A40] Schreiben von Franziska Hlavka an Matthias Wasner, 2.8.[1940]

[A41] Schreiben von Franziska Hlavka an Matthias Wasner, 19.10.1941

[A42] Trapp Family Singers – Distribution of Net Income – For the period of January 1, 1941 to December 31, 1947

Wien

Wienbibliothek

[A43] Teilnachlass Max Reinhardt, ZPH 989, Archivbox 11: 3.2.12. Kaufvertrag o.D. {1474}

Russland

Moskau

Central'nyj Archiv Ministerstva Oborony Rossijskoj Federacij (Zentralarchiv des Verteidigungsministeriums der Russischen Föderation)

(Angabe von Blattnummer ohne recto/verso)

[A44] Fond 500, opis' 12493, delo 1: Dienstkalender des Reichsführer SS Heinrich Himmler mit handschriftlichen Notizen und

Ergänzungen Himmlers und seiner Adjutanten [Kopien von Dr. Matthias Uhl zur Verfügung gestellt]

[A45] Fond 500, opis' 12493, delo 5: Dienstkalender des Reichsführer SS Heinrich Himmler mit handschriftlichen Notizen und Ergänzungen Himmlers und seiner Adjutanten

https://wwii.germandocsinrussia.org/de/nodes/8766

[A46] Fond 500, opis' 12493, delo 26: Dienstaltersliste der Schutzstaffel der NSDAP. 30.1.1944

https://wwii.germandocsinrussia.org/de/nodes/8787

USA

Stanford/CA

Hoover Institution Library & Archives

[A47] James B. Donovan papers: record nr. 72013.7: Office of Military Gov. for Germany (US) / Office of the Director of Intelligence: HFFH – Himmler's Files from Hallein. 8.11.1945

https://digitalcollections.hoover.org/objects/73216/himmlers-files-from-hallein

Washington/DC

National Archives

(Angabe des Identifikators „NAID" zum leichteren Auffinden auf https://archives.gov)

Record Group 59: General Records of the Department of State: Central Decimal Files

[A48] 863.5211/11-2646 Korrespondenz zwischen Joseph Marling und dem US State Department

Record Group 238: National Archives Collection of World War II War Crimes

[A49] Becher, Kurt (NAID: 57317496): Testimony of Kurt Becher, 27.3.1946

[A50] Exhibits: Exhibit No. 414-440, 442-465, 467-471 (NAID: 285764538): Anschriften-Verzeichnis der Schutzstaffel der NSDAP. Stand vom 1. November 1944

[A51] Fuehrer, Wilhelm (NAID: 57339744): Seventh Army Interrogation Center: Notes on Himmler and his staff by Wilhelm Fuehrer, Adj to Himmler, 27.7.1945

[A52] Interrogation Records of: Bartels THRU Beiglboeck (NAID: 289885223): Vernehmung des Paul Baumert, 26.8.1947

[A53] Kaltenbrunner, Ernst (NAID: 57340906): Headquarters 12th Army Group Interrrogation Center: Intermediate Interrogation Report, Kaltenbrunner Ernst, 28.6.1945

[A54] Rode, Ernst August (NAID: 57342929): Headquarters US-FET Military Intelligence Service Center: CI Intermediate Interrogation Report, Rode Ernst August, 22.10.1945: Annex IV

Record Group 260: Records of U.S. Occupation Headquarters, World War II, 1923-1972

[A55] S1.1017 Sa Georg Ritter Von Trapp (NAID: 74425322)

   [A55a] Abrechnung Wolff für 30.6.1941-31.12.1942, 12.3.1943

   [A55b] Inventory Villa Trapp, November 1945?

[A55c] Abrechnung Wolff für 1944, 16.2.1945

[A55d] Heller an 15th Inf., 4.6.1945

[A55e] Halleiner Schulschwestern an Georg, 18.8.1945

[A55f] Inventar der von der SS im Besitz [...] Trapp zurückgelassenen Gegenstände, 5.7.1945

[A55g] Inventar über die von der SS zurückgelassenen Fährnisse in den Gärtnereibaracken, 13.7.1945

[A55h] Wolff an Militärregierung, 9.8.1945

[A55i] Administration Report about September 1945, Wolff, 12.10.1945

[A55j] Wolff an Militärregierung, 1.8.1945

[A55k] Property Register, 22.10.1945

[A55l] Requirierungs Empfangsbescheinigung, 24.10.1945

[A55m] Wolff an Militärregierung, 24.10.1945

[A55n] Georg an Wolff, 23.6.1945 (=Anlage A)

[A55o] Wolff an Georg, 28.8.1945 (= Anlage B)

[A55p] Heller an Georg (=Anlage C)

[A55q] Check-sheet for United Nations Real Property, 22.2.1946

[A55r] Georg an Heller, 18.1.1946

[A55s] Militärregierung an Wolff, 13.2.1946

[A55t] Militärregierung an Wolff, 21.2.1946

[A55u] Abrechnung Wolff für 1945, 1.3.1946

[A55v] Wolff an Militärregierung, 3.4.1946

[A55w] Wolff an Georg, 21.5.1946

[A55x] Wolff an Georg, 27.5.1946

[A55y] Wolff an Militärregierung, 4.7.1946

[A55z] Wolff an Georg, 5.7.1946

[A55aa] Wolff an Georg, 17.7.1946

[A55ab] Donald S. McMullen an Area Commander Military Government, 18.7.1946

[A55ac] Mackenzie an Military Government Area Commander, 20.7.1946

[A55ad] Wolff an Eigentumskontroll-Offizier, 24.7.1946

[A55ae] Wolff an Georg, 31.7.1946

[A55af] Mackenzie an Dr. Beer, 16.8.1946

[A56] S1.1017 Sa Georg Ritter Von Trapp (NAID: 165243314)

[A56a] Property Register (unkorrigierte Fassung)

[A56b] Military Government Austria: Appointment of Administration, 22.10.1945

[A56c] Ecclesiastical Affairs Branch, 13.1.1946

[A56d] Chief, Property Control & Restitution Section an Commanding General USFA, 29.1.1947

[A56e] Chap. Section an RD&R Div., 20.3.1947

[A56f] Chief, RD&R Div. an Chap. Section, 2.4.1947

[A57] S7.1006 Sa Deutsches Reich (NAID: 165254816)

[A58] S7 1010 StJ Gasteiner Hotel-Und Kuranstalten (NAID: 74519078): 523rd Engineer Service Battalion an Military Government Detachment, Land Salzburg, 14.8.1947.

[A59] S7 1144 Sa Property Purchases And Sales (index, nos. 1-16) (NAID: 74524119):

[A59a] Tauschvertrag Trapp-Lettner, 24.8.1945

[A59b] Genehmigung des Tauschvertrags, 13.9.1945

[A60] S9 1023 Sa Mathias And Hildegard Ebner (NAID: 74424180): Amt der Landesregierung Salzburg an Militärregierung, 1.12.1947

[A61] General Correspondence Files: Reports: Salzburg (August 1945-December 1945) (NAID 74409681): Headquarters Military Government Property Control Office Land Salzburg, Weekly Report, 17.9.1945

[A62] General Correspondence Files (NAID: 74412299): Wehrmacht Properties: Buildings And Real Estate Lists

Record Group 498: Records of Headquarters, European Theater of Operations, United States Army (World War II)

[A63] Special Investigation Reports: CSDIC (WEA) SIR 30 – 46 (NAID: 295815935): Special Interrogation Report on ... Oswald Pohl, 17.6.1946

B: Bücher und Zeitschriftenartikel

[B1] Achleitner, Friedrich: Österreichische Architektur im 20. Jahrhundert. Band 1: Oberösterreich, Salzburg, Tirol, Vorarlberg. Salzburg: Residenz Verlag, 1980

[B2] Adreß-Buch der Stadt Salzburg für das Jahr 1942 [...]. 28. Ausgabe. Salzburg: Mayrische Buchhandlung / Otto Neugebauer, [1942]

[B3] Anderson, William (Text); Wade, David (Fotos): The World of the Trapp Family. The life story of the legendary family who inspired The Sound of Music. Davison/MI: Anderson Publications, 1998

[B4] Anderson, William: The World of the von Trapp Family. From Austria to Vermont with the Legendary Family who Inspired The Sound of Music. O.O.: William Anderson Books, 2020

[B5] Andrews, Julie; mit Hamilton, Emma Walton: Home Work. A memoir of my Hollywood years. New York: Hachette Books, 2019

[B6] Bader, Andrej et.al. (Redaktion): Iz fotoalbuma Richarda Schustera 1914.-1917. – Aus dem Fotoalbum von Richard Schuster. Pula: Sveučilište Jurja Dobrile u Puli, Sveučilišna Knižnica, 2016

[B7] Cüppers, Martin: Wegbereiter der Shoah. Die Waffen-SS, der Kommandostab Reichsführer-SS und die Judenvernichtung 1939-1945. Darmstadt: Wissenschaftliche Buchgesellschaft, 2005

[B8] de Jong, Louis: Hat Felix Kersten das niederländische Volk gerettet? In: Zwei Legenden aus dem Dritten Reich. Stuttgart: Deutsche Verlags-Anstalt, 1974. S. 77-142

[B9] Döbert, Frank: Über das Wirken von Hans Kammler in den letzten Kriegswochen 1945 und Erklärungsansätze über seinen Verbleib. In: betrifft widerstand, 119, Dezember 2015, S. 4-21

[B10] Eder, Georg: Untergang und Auferstehung des Borromäums 1938-1946. In: Metropolitankapitel zu Salzburg: In Signo Crucis Omnia. Festschrift für Erzbischof Dr. Georg Eder. Salzburg: 2003. S. 237-260 [Nachdruck von 1952]

[B11] Eliot, Thomas H.; Eliot, Lois J.: The Salzburg Seminar. The First Forty Years. Ipswich: The Ipswich Press, 1987

[B12] Engelsberger, Ulrike; Kriechbaumer, Robert: Als der Westen golden wurde. Salzburg 1945-1955 in US-amerikanischen Fotografien. Wien: Böhlau-Verlag, 2005

[B13] Fritz, Regina (Bearbeiterin): Die Verfolgung und Ermordung der europäischen Juden durch das nationalsozialistische Deutschland 1939-1945. Band 15: Ungarn 1944-1945. Berlin: de Gruyter, 2022

[B14] Fux, Herbert: Wiederkehr und Abschied. Mein Leben als Schauspieler, Bürgerrechtler und Grünrebell. Salzburg: Otto Müller Verlag, 2008

[B15] Henke, Josef: Persönlicher Stab Reichsführer-SS. Bestand NS 19. (Findbücher zu Beständen des Bundesarchivs, Band 57.) Bd. 1. Koblenz: Bundesarchiv, 1997

[B16] Himmler, Heinrich: Der Dienstkalender Heinrich Himmlers 1941/42. (Bearbeitet ... von Peter Witte et.al.) Hamburg: Christians, 1999

[B17] Hinsley, F.H. et.al.: British Intelligence in the Second World War. Its Influence on Strategy and Operations. Vol. 3, part 2. London: Her Majesty's Stationary Office, 1988

[B18] Hofinger, Johannes: Die Akte Leopoldskron. Max Reinhardt, das Schloss, Arisierung und Restitution. (Aktualisierte, erweiterte und überarbeitete Neuauflage.) Salzburg: Anton Pustet, 2020

[B19] Jelinek, Gerhard; Mosser-Schuöcker, Birgit: Die Trapp-Familie. Die wahre Geschichte hinter dem Welterfolg. Wien: Molden, 2018

[B20] Karrer, Helene: 200 Jahre Villenbau in Aigen mit Abfalter, Parsch und Glas. Salzburg: Verein Aigen-Initiative, 1995

[B21] Kersaudy, François: La liste de Kersten. Un juste parmi les démons. Paris: Fayard, 2021

[B22] Kersten, Felix; Briffault, Herma (Hrsg.): The Memoirs of Doctor Felix Kersten. Garden City, NY: Doubleday, 1947

[B23] Kersten, Felix: Samtal med Himmler. Minnen från Tredje Riket 1939-1945. Stockholm: CKM Verlag, 2010 [enthält Nachdruck der Ausgabe von 1947]

[B24] Kersten, Felix: Klerk en beul. Himmler van nabij. Amsterdam: J. M. Meulenhoff, 1948

[B25] Kersten, Felix: Totenkopf und Treue. Heinrich Himmler ohne Uniform. Hamburg: Robert Möhlich Verlag, [1952]

[B26] Kersten, Felix: The Kersten Memoirs 1940-1945. London: Hutchinson, 1956

[B27] Klein, Willi: Auserwählt, das Evangelium Gottes zu verkünden. 100 Jahre Geschichte der Deutschen Provinz der Kongregation der Missionare vom Kostbaren Blut. Zagreb: Družba misionara Krvi Kristove, 2023

[B28] Korotin, Ilse (Hg.): biografiA. Lexikon österreichischer Frauen. Bd. 2 I-O. Wien: Böhlau, 2016

[B29] Lindner, Stephan H.: Das Reichskommissariat für die Behandlung feindlichen Vermögens im Zweiten Weltkrieg. Stuttgart: Steiner, 1991

[B30] Litten, Frederick S.: Notes on the Trapp Family in Austria. From Maria's grandparents to summer 1939. Norderstedt: BoD, 2023

[B31] Meding, Dorothee von: Mit dem Mut des Herzens. Die Frauen des 20. Juli. Siedler, 1992

[B32] Monarth, Elisabeth: Mythos und Wirklichkeiten. In: Kammerhofer-Aggermann, Ulrike; Keul, Alexander G. (Hrsg.): „The Sound of Music" zwischen Mythos und Marketing. Salzburg: Salzburger Landesinstitut für Volkskunde, 2000; S. 67-90

[B33] Nationalsozialistisches Jahrbuch 1939. 13. Jg. München: Zentralverlag der NSDAP, [o.D.]

[B34] Nationalsozialistisches Jahrbuch 1940. 14. Jg. München: Zentralverlag der NSDAP, [o.D.]

[B35] Nationalsozialistisches Jahrbuch 1941. 15. Jg. München: Zentralverlag der NSDAP, [o.D.]

[B36] Nationalsozialistisches Jahrbuch 1942. 16. Jg. München: Zentralverlag der NSDAP, [o.D.]

[B37] Nationalsozialistisches Jahrbuch 1943. 17. Jg. München: Zentralverlag der NSDAP, [o.D.]

[B38] Nationalsozialistisches Jahrbuch 1944. 18. Jg. München: Zentralverlag der NSDAP, [o.D.]

[B39] Neumärker, Uwe; Conrad, Robert; Woywodt, Cord: Wolfsschanze. Hitlers Machtzentrale im Zweiten Weltkrieg. 4., aktualisierte Auflage. Berlin: Ch. Links Verlag, 2012

[B40] Ostmark-Jahrbuch. 1939. Wien: Carl Ueberreutter, 1938

[B41] Ostmark-Jahrbuch. 1942. Wien: Carl Ueberreutter, 1941

[B42] O'Sullivan, Adrian: Nazi secret warfare in occupied Persia (Iran). The failure of the German intelligence services, 1939-1945. Houndmills, Basingstoke, Hampshire: Palgrave Macmillan, 2014

[B43] Petersen, Neal H. (Hrsg.): From Hitler's Doorstep. The Wartime Intelligence Reports of Allen Dulles, 1942-1945. University Park, PA: The Pennsylvania State University Press, 1996

[B44] Pyta, Wolfram; Havemann, Nils; Braun, Jutta: Porsche. Vom Konstruktionsbüro zur Weltmarke. München: Siedler Verlag, 2017

[B45] Rannetsperger, Richard: Ich war dabei. Erlebte Kriegs- und Hitler-Zeit eines jungen Kärtners. Völkermarkt: Eigenverlag, 2004

[B46] Reichs-Telefonbuch. 42. Ausgabe. Band I. Berlin: Paul Aug. Hoffmann, 1938

[B47] Rigden, Denis: Kill the Führer. Section X and Operation Foxley. Thrupp: Sutton Publishing, 1999

[B48] Rinnerthaler, Alfred: Von den „Pfaffenlehrbuben" zu nationalsozialistischen Ausleseschülern. Das „Erzbischöfliche Kollergium Borromäum" in nationalsozialistischer Zeit. In: Mitteilungen der Gesellschaft für Salzburger Landeskunde, 128, 1988, S. 365-396

[B49] Rolinek, Susanne: Salzburg. Ein Bundesland vom Ersten Weltkrieg bis zur Gegenwart. Innsbruck: Haymon, 2012

[B50] Rolinek, Susanne; Lehner, Gerald; Strasser, Christian: Im Schatten der Mozartkugel. Wien: Czernin Verlag, 2009

[B51] Salzburger Adreß-Buch für [...] das Jahr 1938. 24. Ausgabe. Salzburg: Mayrische Buchhandlung / Otto Neugebauer, [1938]

[B52] Sandner, Harald: Hitler – Das Itinerar. Aufenthaltsorte und Reisen von 1889 bis 1945. Band IV: 1940-1945. Berlin: Berlin Story Verlag GmbH, 2016

[B53] Schilling, Jonathan: Mehr als Heimatfilm. Ruth Leuwerik, „Die Trapp-Familie" und der Publikumsgeschmack der Adenauer-Zeit. In: Vierteljahrshefte für Zeitgeschichte, Bd. 71, nr. 1, 2023, S. 75-109

[B54] Schulz, Alfons: Drei Jahre in der Nachrichtenzentrale des Führerhauptquartiers. 2. Auflage. Stein am Rhein: Christiana-Verlag, 1997

[B55] Strasser, Christian: „The Sound of Music" – Ein unbekannter Welterfolg. In: Kammerhofer-Aggermann, Ulrike; Keul, Alexander G. (Hrsg.): „The Sound of Music" zwischen Mythos und Marketing. Salzburg: Salzburger Landesinstitut für Volkskunde, 2000; S. 267-299

[B56] Thomsen, Christian W.: Leopoldskron – Frühe Geschichte, die Ära Reinhardt, das Salzburg Seminar. Siegen: Vorländer, 1983

[B57] Trapp, Agathe von: Memories Before and After *The Sound of Music*. New York: HarperCollins, 2010 [Erstmals 2004 bei PublishAmerica veröffentlicht.]

[B58] Trapp, Maria Augusta: The Story of the Trapp Family Singers. New York: William Morrow, 2002 (ursprünglich erschienen: Philadelphia: Lippincott, 1949)

[B59] Trapp, Maria von: Maria. My Own Story. London: Coverdale House Publishers, 1973. [Ursprünglich veröffentlicht: Carol Stream, Ill.: Creation House, 1972]

[B60] Trapp Family Estate Near Salzburg Was Himmer SS Head-quarters. In: Musical America, August 1945, S. 14

[B61] Uhl, Matthias et.al. (Hrsg.): Die Organisation des Terrors. Der Dienstkalender Heinrich Himmlers 1943-1945. München: Piper, 2020

[B62] Unterkofler, Christopher; Dorfer, Marianne: Villa Trapp Salzburg. Salzburg: Kulturverlag Polzer, 2014

[B63] Vogelsang, Reinhard: Der Freundeskreis Himmler. Göttingen: Musterschmidt, 1972

[B64] Walderdorff, Imma: Schloss Kleßheim. Gästehaus des Führer 1940-1945. Rastenfeld: 2020

[B65] Westemeier, Jens: Himmlers Krieger. Joachim Peiper und die Waffen-SS in Krieg und Nachkriegszeit. Paderborn: Ferdinand Schöningh, 2014

[B66] Wiener Zeit- und Wegweiser 1943. Wien: Carl Ueberreuter, 1942

[B67] Wulff, Wilhelm Th. H.: Tierkreis und Hakenkreuz. Als Astrologe an Himmlers Hof. Gütersloh: Bertelsmann Sachbuchverlag, 1968

[B68] Zaugg, Franziska Anna: Rekrutierungen für die Waffen-SS in Südosteuropa. Berlin: Walter de Gruyter, 2021

[B69] Zechner-Kamberger, Ulrike: Die Familie Trapp – Vergangenheit und Gegenwart. In: Kammerhofer-Aggermann, Ulrike; Keul, Alexander G. (Hrsg.): „The Sound of Music" zwischen Mythos und Marketing. Salzburg: Salzburger Landesinstitut für Volkskunde, 2000; S. 99-113

[B70] Zelle, Karl-Günter: Hitlers zweifelnde Elite. Goebbels – Göring – Himmler – Speer. Paderborn: Schöningh, 2010

M: Matriken

[M1] Salzburg-Aigen, Sterbebuch, 1887-1927, f. 23, nr. 24:

https://data.matricula-online.eu/de/oesterreich/salzburg/ salzburg-aigen/STB4/?pg=228

[M2] Salzburg-Aigen, Sterbebuch, 1927-1938, f. 46:

https://data.matricula-online.eu/de/oesterreich/salzburg/ salzburg-aigen/STB5/?pg=49

[M3] Schottenfeld, Trauungsbuch, 1861, f. 50:

https://data.matricula-online.eu/de/oesterreich/wien/07-schottenfeld/02-039/?pg=53

R: Rechtstexte [R2 bis R7 nach https://alex.onb.ac.at/]

[R1] Allgemeines bürgerliches Gesetzbuch [Österreich]
https://www.ris.bka.gv.at/GeltendeFassung.wxe?Abfrage=Bundesnormen&Gesetzesnummer=10001622

[R2] Kundmachung des Reichsstatthalters in Österreich, wodurch die Verordnung über die Einziehung volks- und staatsfeindlichen Vermögens im Lande Österreich vom 18. November 1938 bekanntgemacht wird. In: Gesetzblatt für das Land Österreich, 167. Stück, 21.11.1938, nr. 589, S. 2991-2992

[R3] Gesetz über Sachleistungen für Reichsaufgaben (Reichsleistungsgesetz). In: Reichsgesetzblatt I, nr. 166, 5.9.1939, S. 1645-1654

[R4] Verordnung über die Behandlung feindlichen Vermögens. Vom 15. Januar 1940. In: Reichsgesetzblatt, Teil I, nr. 16, 20.1.1940, S. 191-195

[R5] Verordnung über die Anmeldung des Vermögens der Vereinigten Staaten von Amerika und ihrer Staatsangehörigen. Vom 4. August 1941. In: Reichsgesetzblatt I, nr. 87, 7.8.1941, S. 472-473

[R6] Dritte Verordnung zur Durchführung der Verordnung über die Behandlung feindlichen Vermögens. Vom 9. April 1942. In: Reichsgesetzblatt I, nr. 37, 14.4.1942, S. 171

[R7] Verordnung über außerordentliche Maßnahmen auf dem Gebiete des bürgerlichen Rechts, der bürgerlichen Rechtspflege und des Kostenrechts aus Anlaß des totalen Krieges (Zweite Kriegsmaßnahmenverordnung). Vom 27. September 1944. In: Reichsgesetzblatt, Teil I, nr. 49, 5.10.1944, S. 229-237

[R8] Verwaltungsgerichtshof (Österreich): Erkenntnis vom 28.4.2009 (GZ 2009/06/0022)

https://www.ris.bka.gv.at/JudikaturEntscheidung.wxe?Abfrage=Vwgh&Dokumentnummer=JWT_2009060022_20090428X00

V: Videos

[V1] Die Trapp-Familie. Regie: Wolfgang Liebeneiner. Deutschland 1956

[V2] The Sound of Music. Regie: Robert Wise. USA 1965

[V3] Torappu ikka monogatari (Die singende Familie Trapp). Gesamtregie: Kusuba Kōzō. Japan 1991

[V4] Die Trapp-Familie – Ein Leben für die Musik. Regie: Ben Verbong. Deutschland/Österreich 2015

W: Webressourcen

[W1] 1000 Schlüsseldokumente

https://www.1000dokumente.de/Dokumente/ Haager_Landkriegsordnung

[W2] Allen, John L., jr.: Stormy history of the Villa von Trapp. National Catholic Reporter, 6.11.1998. NCR online.

https://www.natcath.org/NCR_Online/archives /110698/110698g.htm

[W3] Bundesdenkmalamt: Denkmalliste Salzburg 2024

https://www.bda.gv.at/dam/jcr:c6dd612e-a5b8-44e0-b6a4-87012ba0488f/Sbg._2024_2228POS_formatiert.pdf

[W4] claus-juergen: die Villa Trapp in Pula. 20. Oktober 2017

https://www.schoener-reisen.at/thread/8122-die-villa-trapp-in-pula/

[W5] Fasching, Gerhard L.: Luftschutzstollen 1943-1945 Altstadt Salzburg. PANGEO Austria 2012, Exkursion 11.

https://www.plus.ac.at/wp-content/uploads/2021/02/1949179.pdf

[W6] Federal Reserve Bank of Minneapolis: Inflation Calculator

https://www.minneapolisfed.org/about-us/monetary-policy/inflation-calculator

[W7] Freytag Loringhoven, Nic.: Himmler in Salzburg (2010)

https://austria-forum.org/af/Wissenssammlungen/Essays/Geschichte/Himmler_in_Salzburg

[W8] Genealogy Richard Remmé: Julia [...] Gräfin von Lamberg

https://www.genealogieonline.nl/de/genealogie-richard-remme/I195702.php

[W9] Göllner, Siegfried: Die Stadt Salzburg 1942. Zeitungsdokumentation

https://www.stadt-salzburg.at/fileadmin/landingpages/ stadtgeschichte/ns_projekt/dokumente/ zeitungsdokumentation_1942.pdf

[W10] Göllner, Siegfried: Die Stadt Salzburg 1944. Zeitungsdokumentation

https://www.stadt-salzburg.at/fileadmin/landingpages/ stadtgeschichte/ns_projekt/dokumente/ zeitungsdokumentation_1944.pdf

[W11] Keller, Sven: Obersalzberg. In: Historisches Lexikon Bayerns. Publiziert: 10.8.2020

https://www.historisches-lexikon-bayerns.de/Lexikon/ Obersalzberg

[W12] Köfinger, Heinz; Köfinger, Gerda: Das Martinschlössel in Klosterneuburg. 3.11.2011

http://www.kultur-klosterneuburg.at/Bereiche/Dokumentation/ ONLINE/MARTINSCHLOESSEL/Index.html

[W13] Land Salzburg: Luftbilddatenbank, Digitale Katastralmappe, Historische Orthofotos

https://www.salzburg.gv.at/sagismobile/sagisonline/map/ Basiskarten/Luftbilddatenbank

[W14] Numery członków SS od 10 000 do 10 999

https://www.dws-xip.com/reich/biografie/numery/ numer10.html

[W15] Österreichische Nationalbank: Historische Schilling-Wechselkurse

https://www.oenb.at/dam/jcr:54fd2b24-7d61-4403-9aeb-03d0932be145/historische_schilling_wechselkurse.xlsx

[W16] Österreichische Nationalbank: Historischer Währungsrechner

https//finanzbildung.oenb.at/docroot/waehrungsrechner/#/

[W17] Presidential Advisory Commission on Holocaust Assets in the United States: Plunder and Restitution: Findings and Recommendations of the Presidential Advisory Commission on Holocaust Assets in the United States and Staff Report. Dezember 2000. Ch. 4: Assets in Europe

https://govinfo.library.unt.edu/pcha/PlunderRestitution.html/html/StaffChapter4.html

[W18] Ryback, Timothy W.: The Salzburg Seminar – A Community of Fellows

https://www.salzburgglobal.org/about/history/articles/a-community-of-fellows

[W19] Salzburg Museum: Sound of Music Salzburg – Einblick und Ausblick

https://www.salzburgmuseum.at/ausstellungen/aktuell/sound-of-music-salzburg-einblick-und-ausblick/

[W20] Salzburg Museum: Villa Walburga (Weinwurm). Stich von Norbert Kränzl. Zwischen 1864 und 1883 entstanden

https://sammlung-online.salzburgmuseum.at/detail/collection/06fddcb2-e9ea-4942-be08-9a65e124ca89

[W21] Scheichl, Walter: 150 Jahre Borromäum. [Original offenbar: Erzbischöfliches Kollegium Borromäum 150 Jahre. 1848–1998. Jubiläumsausgabe. Hrsg. vom Erzbischöflichen Privatgymnasium Borromäum und verfaßt von Walter Scheichl. Salzburg 1998; im Netz ohne Anmerkungen und Literaturverzeichnis]

https://web.archive.org/web/20060410020356/http:// www.borromaeum.at/schule/schulgeschichte.htm

[W22] Schwarzmüller, Alois: Ein Kriegsende – Garmisch-Parten-kirchen am 29. April 1945: Ereignisse. 2006

https://www.gapgeschichte.de/ns_zeit_1945_kriegs-ende_text/kriegsende_text_2_ereignisse.htm

[W23] The Sound of Music im Hotel Schloss Leopoldskron in Salzburg

https://www.schloss-leopoldskron.com/unsere-geschichte/the-sound-of-music

Z: Zeitungs- und Wochenzeitschriftenartikel

(deutschsprachige Artikel bis 1948 nach https://anno.onb.ac.at/)

The Cincinatti Enquirer

[Z1] 22.7.1945, S. 30: Lubin, Alma: Trapp boys make discovery: Himmler fixed their castle

Innsbrucker Nachrichten

[Z2] 22.6.1943, S. 3: Die Schrift „Dich ruft die SS"

Murtaler Zeitung

[Z3] 23.9.1944, S. 2: Freiwillige bei der Waffen-SS

Neue Freie Presse

[Z4] 15.8.1897, S. 16: [Todesanzeige]

Neues Österreich

[Z5] 2.12.1945, S. 1: Übergang zur Schillingwährung

New York Times

[Z6] 21.9.1948, S. 39: Income rate sets 221 billion record

Österreichische Zeitung

[Z7] 29.5.1947, S. 2: Ankündigung der „Zwischenlösung" bereichert die Spekulanten

Die Presse

[Z8] 26.5.2010, S. 10: Lagler, Claudia: Wohnen bei den Trapps

[Z9] 2.8.2020: Petsch, Barbara: „Ich bin eher unbeugsam". (Interview mit Ines Eberl)

Salzburger Chronik

[Z10] 26.6.1907, S. 4: Neue Telefon-Stellen

[Z11] 18.8.1937, S. 5: Aus dem Lande

Salzburger Nachrichten

[Z12] 9.7.1945, S. 1: SS-Villa in Aigen

[Z13] 18.8.1945, S. 2: Verloren

[Z14] 13.11.1945, S. 1: Dr. Renner in Tirol

[Z15] 23.12.1946, S. 3: Familie Trapp spendete 60 Care-Pakete

[Z16] 5.8.1947, S. 3: Anzeige

[Z17] 30.12.1948, S. 3: Weihe des Missionskollegs

[Z18] 6.9.2011, S. 8-9: Hödlmoser, Thomas: Wo die Geschichte der singenden Familie begann

[Z19] 2.6.2022, S. 14-15: Berger, Susanna: Villa Trapp wird wieder zum Ort des Glaubens

[Z20] 3.6.2023, S. 13: Ransmayr, Jörg: Porsche-Film feierte im Das Kino glanzvolle Premiere

Salzburger Tagblatt

[Z21] 5.8.1947, S. 5: Unsere Leser schreiben ...

[Z22] 24.11.1947, S. 5: Nationalbank zahlt an Heimkehrer für 1 Dollar 3 Schilling

Salzburger Volksblatt

[Z23] 10.10.1882, S. 7: Licitation

[Z24] 21.4.1884, S. 1: Hugo Graf Lamberg †

[Z25] 5.5.1912, S. 19: Aigen, 29. April. (Gemeindeausschußsitzung)

[Z26] 22.5.1918, S. 6: Kleine Anzeigen – Tausch

[Z27] 25.1.1924, S. 8: Anzeige

[Z28] 9.4.1924, S. 10: Anzeige

[Z29] 7./8.4.1934, S. 21: Kapitalsanlage durch Hauskauf!

[Z30] 19./20.5.1934, S. 5: Salzburg im Jahre 1864

[Z31] 11.9.1934, S. 6: Besitzveränderung

[Z32] 25.3.1938, S. 13: Neue Devisen-Verordnung für Österreich

[Z33] 1./2.10.1938, S. 11: Antworten der Redaktion

[Z34] 30.11.1938, S. 14: Stellengesuche

[Z35] 31.12.1938/1.1.1939, S. 20: Kundmachung

[Z36] 15.2.1939, p. 7: Besitzwechsel

[Z37] 20.3.1939, S. 12: Anzeige

[Z38] 7.11.1939, S. 6: Salzburg und Nachbarländer

[Z39] 22.12.1939, S. 3: Dienstgebäude für den Reichsarbeitsdienst

[Z40] 12.2.1940, p. 6: Anzeige

[Z41] 22.10.1940, S. 6: Führer-Tagung der 76. SS-Standarte

[Z42] 4./5.1.1941, S. 7: Die Waffen-SS

[Z43] 25.3.1941, S. 5: Salzburg und Nachbargaue

[Z44] 13.10.1942, 72. Jg., nr. 241, S. 4: Offene Stellen

[Z45] 31.10.1942, S. 6: Zimmer gesucht

[Z46] 24.2.1942, S. 5: Annahme von Freiwilligen [...]

[Z47] 11.5.1942, S. 4: Schloß Aigen bei Salzburg

Salzburger Volkszeitung

[Z48] 8.2.1947, S. 4: Neues Hilfswerk der Familie Trapp

[Z49] 13.12.1948, S. 3: Übersiedelt

Salzburger Zeitung

[Z50] 20.11.1942, S. 4: Geburten

[Z51] 23.7.1943, S. 2: Grundlage für jeden Beruf

Der Spiegel

[Z52] Uralte Kiste. In: Der Spiegel, nr. 46, 1971

https://www.spiegel.de/politik/uralte-kiste-a-9e403ced-0002-
0001-0000-000044914877

Der Standard

[Z53] 13.5.2008: [APA:] Herberge für Sound-of-Music-Liebhaber.

https://www.derstandard.at/story/3335122/herberge--fuer-
sound-of-music-liebhaber

Die Stunde

[Z54] 13.6.1935, S. 3: Groß-Salzburg wird geschaffen

Die Welt

[Z55] 16.9.2008, S. 10: Die Rückkehr der Trapp-Familie

Wiener Kurier

[Z56] 16.10.1947, S. 2: Familie Trapp hat ihr Salzburger Haus verkauft